徽州古村落文化研究丛书

HUI ZHOU GU CUN LUO GOU JIAN WEN HUA YAN JIU

徽州古村落构建文化研究

——以宏村为例

胡时滨 著

合肥工业大学出版社

引　言

在澳洲东北部，有一座迷人的城市——凯恩斯。它背倚壮丽高山，茂密雨林遍及四周，并延伸至海边一带。由棕榈树环绕的凯恩斯，有设计精致的商店与餐馆，现代化的都市风格与大堡礁等自然奇景相映成趣，被誉为旅游度假的天堂。

2000 年 11 月 30 日，在这里举行的联合国教科文组织第 24 届世界遗产委员会会议，宣布黄山西南麓的宏村与相隔十数公里的西递村一道，作为中国皖南古村落的杰出代表被正式列入世界文化遗产名录。这也是世界上乡村民居首次被列为世界文化遗产。从此，具有千余年历史的宏村如同养在深闺中的少女，终于撩开了层层面纱，以最秀丽的容貌、最美妙的舞姿、最娴雅的内涵，展现在世人面前。

人们惊叹了，人们震撼了。随着越来越多的人把目光投向这里，越来越多的人扑向它的怀抱，众多赞美之辞及各项殊荣也纷纷而至：“中国 5A 旅游景区”“中国历史文化名村”“中国传统村落”“中国十大魅力名镇”“中国美丽田园”“全国生态文化村”“社会主义新农村建设示范村”“安徽省最佳旅游乡镇”“安徽省文明乡镇”等等。

联合国教科文组织的评价更是高屋建瓴：“中国皖南古村落西递、宏村，是人类古老文化的见证，是传统特色建筑的典型作品，是人与自然结合的光辉典范。”“这两个村庄的建筑与街道布局上体现了中国相当长的一段历史时期中社会、经济的发展情况。它们的街道布局、建筑与装饰、整体房屋及上下水系系统都是独一无二的。”

对于宏村，联合国世界旅游组织专家的评价更为精当：“宏村是非常和谐地利用当地自然山水，在儒家文化和徽州当地文化思想影响下的东方传统村落的人居环境的代表，是独一无二的。”

目　录

宏村独特的风水选择：人与自然结合的光辉典范

一

宏村，地处世界名山黄山的西南麓，位于安徽省黄山市黟县的东北缘，史称古黟十都。背倚富有传奇色彩的黄山余脉雷岗山，面临新安江源头之一邕溪、羊栈河交汇的虞山溪，也称西溪。东向有东山，西向为石鼓山。山上树木茂盛，山下农田肥沃，村南地势开阔，村居与农田之间，是一片大面积水域——南湖。村落布局基本上坐北朝南，整座村庄处于山水环抱之间，形成枕高山、面流水的理想风水环境。

村外，山清水秀，桃红柳绿；村内，粉墙青瓦，清渠绕户。人们在村落中行走，宛如在山水图画间畅游。

宏村背面的雷岗山，是黄山西南余脉黄堆山的延伸部分，山多植松、枫、榛、樟，高有数丈，一年四季郁郁葱葱，千百年来一直为宏村遮挡北风，蓄积山水，是宏村的天然屏障，同时也使村庄布局非常符合中国“藏风蓄气”的风水理论。

风水有一套美的格局，称为“美格”（《都天宝照经》）。美格最起码的要求是气蓄，气蓄要求山水环抱，形成封闭式的环境。风水中的风要求藏风。藏风也可曰避风，村居之所，必须有护穴砂，水流去的一边风吹不得，水流来的一边风也吹不得。风水学说认为：“外山环抱者，风无所入，而内气聚。外山亏疏者，风有所入而内气散。气聚者暖，气散者冷。”（《堪舆泄秘》）正因为避风是为了使一个地方的小气候温暖不冷，因此，风水要求的不是要避开所有的风，而是只避寒冷之风，不避温暖之风。处于雷岗山下的宏村村落选址就完全符合这一理论要求。

推究雷岗山来历，当从远古说起——

黄山原为黟山。千百年来，黟山的峻拔奇险，黟县的古朴清雅，随同因避乱迁徙南移的中原人士而带来的中原文化产生了许多神话传说，特别是关于我们祖先轩辕黄帝在黟山炼丹成仙的传说更是四处传扬，终于使得黟地发生了历史性的变化。

传说黄帝姬姓，号轩辕氏。据《河图稽命征》载，黄帝最初之神职盖为雷神，“附宝（黄帝之母）见大电光绕北斗权星，照耀郊野，感而孕二十五月，而生黄帝轩辕于青邱”；《河图帝纪通》也有载：“黄帝以雷精起。”

黄帝族的发祥地原在陕西北部，后来向东迁徙，沿洛河东渡黄河，不久便与炎帝发生争执。《绎史》引《新书》云：“炎帝者，黄帝同母异父兄弟也，各有天下之半，黄帝行道而炎帝不听，故战于涿鹿之野，血流漂杵。”炎帝兵败，其裔蚩尤崛起，为炎帝复仇。黄帝复战蚩尤于阪泉，是役较前更为惊心动魄，最终，蚩尤兵败被诛。黄帝由此基本统治了中原地区，遂为五帝之中央大帝。

为巩固自己的统治，更有效地管理四方，轩辕黄帝开始追求长生不老修仙之道。于是，他常常与左右丞相容成子、浮丘公等探讨炼丹之术。《神仙传》云：“轩辕问道于浮丘公，曰：‘愿抠衣躬侍修炼。’浮丘公曰：‘江南黟山，神仙所居，有古木灵药，其泉香美清温，冬夏无变，沐浴饮者，万病全却。’”黄帝听罢喜出望外，当即便与容成子、浮丘公同游江南，从黟县直上黟山。

桃花源里人家

来到黟县，黄帝立刻被此处山清水秀的自然风光所吸引，在黟县北缘的一座山冈上逗留了数日后，便沿着山脊登上了山灵水秀的黟山，开始在炼丹峰上架炉炼丹。前后经过8个甲子，共480年，仙丹终于炼成。黄帝随即服用了7粒，竟可以不借云霭，升空游戏。后来，他又相继服下六七四十二粒，毛发都变得黑润异常。眼看成仙在即，容成子和浮丘公都来向他道喜，然一看皮肤却皴坼。浮丘公便叫黄帝来到山中汤池洗浴，黄帝连泡浸7天后，皴坼故皮均随山水而去。此时汤泉中忽有白龙出现，只见云雾翳空，空中传来笙乐之音。等到云开雾散，青天亮皎，正值日昼。此时又闻香气袭人，空中忽有一珠函、玉壶徐徐而降。浮丘公上前打开一看，函中有霞衣宝冠珠履，壶中有琼浆玉液甘露，浮丘公当即递与黄帝道："此乃上苍所赐！"

于是，黄帝便饮琼浆玉液甘露，披霞衣，戴宝冠，蹑珠履。顿时光辉四射，照亮了整个山谷。此时，空中又有乐声，有青龙腾云而来，黄帝便和容成子、浮丘公一道跨上青龙，由望仙峰飘然升空，飞天而去。

黄帝黟山炼丹成仙的传说实为浪漫离奇，但当这颇显荒诞的传说流传到大唐天宝年间时，却使一代风流皇帝李隆基深信不疑。因为当时的他一直在求道访仙，以期得到长生不老之术。当闻知黄帝曾在江南黟山炼丹成仙，便一边急忙派人四处去觅寻那仙丹妙方，一边下诏将"黟山"改名为"黄山"，以显其对黄帝在此成仙的向往与追慕。

唐天宝六年（747）六月十七日开始，"黟山"这一名称便从历史上消失了。所幸的是与它同时期得名的"黟县"却历经千年沧桑，一直沿用下来。当年传说黄帝在黟县北缘停留的山冈，被称为"雷岗山"，以纪念雷精黄帝在此逗留庇护百姓的美好愿望。雷岗山又名为来龙山，以至于后来有人认为此地为黄山之始。清代太平人氏陈之澍在《溪山楼诗钞》序中曰："黄山以黟得名，故古为黟山，其脉自黟羊栈诸岭来……"（雷岗山处羊栈岭连脉延伸部分）

也许因雷岗山原是黄帝曾经停留之处，故这里历代被黟人看成是黟北的风水山，自后梁起便有人不远数十里来此修墓葬坟，以图吉利，以望后代发达。更有人举家迁徙山下，建房屋安居。宏村就是如此历经千年而逐渐形成并发展的。

而村中汪姓后裔则是这样说的，雷岗又名雷阜，是宏村之龙脉所在。相传当年汪氏祖先曾以拆字算命的方法来植树木、兴水利。他们道：雷，雨落田中苗兴旺。田下出头为甲，累字田为上，富宁田落脚，宏村如要富甲一方，就必历经磨难，连年艰辛，累倒数代族人。又道村之旺，得水为上，法有二：一截流掘池挖湖，二植树固土蓄水，雷岗林密，月沼水清，才可使宏村明有西溪水长流，暗有雷岗水不断，如此阴阳水相互调和，宏村兴旺指日可待。如今看来，理论值得再探讨而完善，而客观效果却是明显的。于是宏村人便在雷岗山上大力植树造林，同时因村人视之风水山，便又历来封山育林，如今雷岗山还是巨树如盖、林木成荫，景致因季节添彩，花鸟为四时增辉。在这样的环境下生活劳动、繁衍后代，该是多么惬意！

宏村

东山位于宏村东侧，与梓岭横山相接，呈南北走向，如青龙横卧，终年护卫着宏村这座千年古村落。山体植被茂盛，多植以松杉。高山险峻，危崖峭壁随处可见，怪石奇岩，时而丛生；低山平坦，果林、茶园成片相连，桑园、梯田层次分明。东山上原建有菩提庵堂，庵堂正屋供有南海观音菩萨，终年香火不断。楼舍虽古朴简易，但青山之间偶见数间粉墙黛瓦，其和谐意境足令文人墨客诗兴大发。东山半山腰处原有青石凉亭一座。凉亭依山而建，三面石块而垒，临路一面敞开，既可遮蔽风雨，又能供人歇脚休憩，是村中人专为上山劳作而建。

东山与横山相连之处，是古墓群。相传清乾隆间举人，古黟著名书画家、篆刻家汪士通就葬于此地。据清同治《黟县三志》记载：清同治年间，在宏村东三里地，横山处，水冲崖坏，石碣出焉，考篆文乃秦代物。文约十条款，二百余字，但因年代久远，具体字迹已经模糊而难识。不过宏村一带文明时代起始之早，由此可见一斑。“东山松涛”是宏村八景之一。清代宏村人汪承恩有诗赞：

别墅荒山夜，虬松战雨鸣。
何须视童子，我亦赋秋声。

宏村西南侧是石鼓山，因山上有一巨石，其形如鼓而得名。石鼓山松密竹丰，诸峰叠翠，景致宜人。远视形如猛虎蹲坐于群山之间。

石鼓山

石鼓山原有寺院一座，亦以石鼓为名，建于唐代会昌五年（845）。寺院中曾开馆兴学。宋朝一代名相江万里初为官时，就以敢于直言不讳而闻名。他曾上书力请朝廷增师以解襄樊被围之难，因而得罪了当时朝廷权臣贾似道。贾似道因其姐姐贾妃受宠于宋理宗而有恃无恐，奢侈无度。江万里一气之下，力求归里，退隐在家。此时，与江万里同宗的黟县二都江村族长江淳万“因辑会通谱适芝城讨旧宗，闻万里贤归”，因而，“礼请至黟授业焉”，将江万里从福建建瓯请到黟县寄住于宏村石鼓寺，一边读书，一边讲学。

讲学授业弟子中以江氏子孙为主，兼收他姓弟子。江万里学识渊博，教书得法，江氏弟子江寅简、江一鹗均考中进士。在石鼓寺的读书讲学日子固然清静，免去众多世尘烦恼，然而，胸怀报国壮志的江万里依然时时牵挂着北方战事。国家有难，好男儿当投笔从戎，保家卫国。于是，弟子皇榜高中以后不久，江万里毅然离开石鼓寺，再度出山。他再度出山后，官至左丞相兼枢密使，力主抗金，曾数次率师北伐。德祐元年（1275）元军攻破饶州（今江西波阳），其弟江万顷被捕遭肢解遇难，江万里举家投水自尽，后被追谥文忠。

石鼓寺为纪念江万里，在主殿后又修一殿，取名为“相儒堂”。石鼓寺也由此扬名远近，直至清末，香火一直鼎盛。20世纪40年代寺院逐渐倾塌，至今原址依稀可见，尤其是寺庙后院的方潭仍清澈鉴人。石鼓山是宏村西侧一胜景，“云横石鼓”也为“古黟八景”之一，历代文人骚客留有不少诗文。南唐许坚有诗：“石鼓高悬蕴大音，白云峰顶始铺金。能来斯地鼓斯鼓，尽达曹溪圣祖心。”明代黟县屏山人舒祥曾写《石鼓山》一诗：“叠嶂层峰万顷阴，淡烟微雨夜沉沉。千株松竹连瑶岛，百丈楼台出玉林。云过半山看有影，泉流深树听无音。琳琅说是神仙下，鹤唳风声杳莫寻。”

明朝宏村崇祯四年（1631）进士、兵部给事中韩如愈有《谒石鼓寺相儒堂》诗及序：

崇祯辛巳予归里展墓，诸君携酒游石鼓山，登相儒堂，云宋丞相万里江公曾读书于此。予低徊久之，慨然有怀：

宋运将告终，天与报多士。
烈烈文文山，慷慨赴柴市。
同气若芝山，从容沉止水。
孤忠天壤间，寸心照青史。
何以邈高踪，修业竟来此。
迄今五百年，空山标故址。
岂无富贵人，转眼无姓氏。
我来吊遗踪，草木俱畅美。
世道有兴亡，人心真不死。
长啸谷传声，清风足兴起。

诗歌缅怀了文天祥，号文山，宁死不屈，作《正气歌》，于元都柴市慷慨就义，以及其恩师江万里，字子远，号古心，元兵破饶州，赴止水死的事迹，抒发了纪念并向江万里和文天祥学习的心情。曾任安化知县的韩如愈，以廉能著称，恪尽职守，先后劾罢都给事曾应遴、临阵脱逃大将贺人龙、江西巡抚张风翮。初，稽查出冒名渔饷之弊案，拒绝山东总兵刘泽清贿赂。后为国事死难。

二

中国传统文化中，风水理论是人们传统意识形态的一个不可小视的表现特征，它在一定程度上体现了中国哲学理论的基本基调。我国古代宇宙观的特色集中表现在有机整体上，即不仅认为人是自然的组成部分，自然界与人是平等的，而且认为天地运动往往直接与人有关，人与自然是密不可分的有机整体。道家认为，凡物皆有其自然本性，顺其自然，就可达到极乐世界。儒家认为，“生生之谓易”，强调自然界与人的生命融为一体，生活就是宇宙，宇宙就是生活，领略了大自然的妙处，也就领略了生命的意义。

这也就是“天人合一”的观念，并由此产生“天人感应”的思想，进而认为自然界的一切物体都会影响人的生活与未来，与其消极地等待吉凶祸福的到来，不如采取积极的方式去趋吉避凶。中国风水理论恰恰做到了这一点。

宏村水口

风水家认为：“阳宅须教择地形，背山面水称人心。山有来龙昂秀发，水须围抱作环形。明堂宽大斯为福，水口收藏积万金。”可见，水口在村落选址上也是很有讲究的。水口的位置以具体情况而定，一般多选在山脉的转折或两山夹峙两水汇流之处。水口处一般建造一些建筑物，并植以树木以此修正或增添本村风水预示。

宏村的水口在虞溪与羊栈河两溪的汇合处之下不远的地方。水口最明显的标志除了一座架在西溪上的桥梁之外，就是两棵具有400多年历史的参天古树。一棵是红杨，一棵是白果。盘根交错的红杨，直插云霄的白果，还有沿河婀娜多姿的绿柳将宏村水口装扮成一个绿的世界。

当年点缀在绿荫丛中的一座飞檐翘角、雕梁画栋的建筑，它便是宏村水口著名的建筑之一——睢阳亭。该亭建于明永乐年间，亭顶简瓦板垅，分南亭北亭对峙而立，中有门廊相通。人们俗称水口亭，或村口亭，这块地方也就被村人称作亭前。

睢阳亭，因明嘉靖年间的状元罗洪先在此题诗而远近闻名。

罗洪先，字达天，号念庵，明嘉靖八年（1529）状元，江西吉水人。他与宏村的名士汪心鉴同为姚江派名师王守仁的弟子，两人交往甚密。后罗洪先考中状元，授翰林院修撰，官左春坊、左赞善。为官不久，因上奏章而得罪当朝权贵，为人耿直的罗洪先不愿折腰屈膝，即请告归隐，拂袖而去。辞官归里后，思友之心迫切，于是来年开春，他便千里迢迢来到黟县，重游雷岗宏村，欲与多年未见的同窗好友相聚，谈诗论画。

哪知“天有不测风云，人有旦夕祸福”，当罗洪先踏上宏村的土地，来到汪心鉴府中时，却得知昔日同窗好友已于年前仙驾而去。回想当年同窗情谊以及自己受邀初游宏村、踏青赏春并在睢阳亭中二人畅饮谈诗的情景，罗状元感慨万分，于是提笔写下了《春日过雷岗怀汪心鉴》诗三首：

清流如带漾涟漪，白板桥头与客期。
指点侬家村口路，睢阳亭外柳丝丝。

桃花夹路多枝柯，花影参差映碧波。
何事封姨偏妒女，五更打落嫩红多。

仙人门对绿荷池，曾是萍踪一过之。
方外相寻何不早，而今枉笑少年痴。

写罢诗，在汪心鉴墓前洒泪祭奠后，罗洪先又来到睢阳亭摆酒，设汪心鉴位，与之对饮，其情真意切，无不催人泪下。

宏村

事后，宏村人深感罗状元情深义重，特将罗诗三首镌刻成碑，以示永久纪念。其碑由“黟县青”大理石制成，高约三尺，宽约二尺，嵌于睢阳亭中。同时，又在四周广植树木，修缮楼阁，使此处成为宏村一处著名胜迹。

如今，数百年过去了，睢阳亭虽已不存，但刻有罗洪先诗的石碑，却被有心人保存下来。不过由于岁月久远，原碑已破损，字迹亦模糊，作为文物，已收藏在县城。近年，村里又在当年旧址上另竖了一碑，照样刻上了原诗，以便让这段文人佳话再继续流传下去。

更令人欣慰的是，当年栽植的树木，虽历经数百年沧桑，至今依然苍翠蓬勃。其间尤为突出者就是那红杨与白果。红杨高近20米，须三四人拉手方可合围。树体盘曲交错，树冠形如巨伞，将村口数亩地全笼罩于绿荫之中。白果则高出20米，树形苍劲古朴，树身如利剑刺空，与上首红杨比肩，形如姊妹。此二高大乔木与南湖、月塘一样，已成为宏村的标志之一，被村人称作“风水树”，是村落吉祥发达的象征。

早先，宏村的人家婚丧嫁娶、红白喜事都要来到村口树下，嫁娶的花轿要绕红杨走一圈，老人辞世的寿棺要绕白果走一圈，以示新人百年和好、红火生活，老人洪福高寿、子孙满堂，以图家族兴旺发达、村落吉祥如意。

村口白果

另一传说，古树种植是源自明朝万历年间宏村和河对岸际村的村民为占地建房的一场大规模械斗，后经县令调解，双方同意，三溪两岸河面宽二十五丈，东西两岸各植树五棵，一字排开，三棵红杨，两棵白果，对称而立，作为溪面界限树，周围一律不许占地建房。双方签字并请洪大人作证签批，谈判以后双方平静。大清乾隆年间，雷电劈倒际村一红二白，开成一块空地，后来变成一块田，全村也无人在此建房，世称这块田为三树田。直到现在，河西际村只留二棵红杨，河东宏村尚有一红一白，由于年代已久，现在是腰粗数围，可谓是枝繁叶茂。从此西溪就安详地顺流而下，两岸的宏村和际村的村民也都兴旺发达起来。

村口红杨

三

“水是生命之源”。这是人们的口头禅，喜欢与水亲近是人类与生俱来的本性。这就是说，人与水的关系无疑是人与其他自然关系中最为重要的关系，是所有民族最重要的元命题之一。有水则兴，无水则衰，这是普遍的自然社会现象。河湖水系既是水流通道，是水资源储存场所，同时也是重要的生态景观走廊，水滨地带则是人类休养生息的宝地。

自古以来，“靠水而居”是人类普遍的心理偏好。人与水的关系密切又复杂，既体现在个体性方面，也体现在社会性方面，有着丰富的内涵。

日本的郭中端先生说：“中国风水实际是地理学、气象学、生态学、规划学和建筑学的一种综合的自然科学。”（《风水是古代中国神圣的景观科学》，1983）徽州风水非常重视对于水的依赖与利用，提出人们居住应是“背山面水称人心”，理想模式是“枕山、环水、面屏”，“山为骨架，水为血脉”。

事实上，徽州大多聚族而居的村庄建设都是尽力朝这种理想模式而努力的，因此，是否符合风水的背山面水也就成了徽州村落的最基本标准。这方面的个案比比皆是，许多徽州姓氏宗谱上均有如此记载。

如：“阡陌纵横，山川灵秀，前有山峰耸然而峙立，后有幽谷窈然而深藏，左右河水回环，绿树阴翳”，遂“慕山水之胜而卜居焉”（《尚书方氏族谱》）；“鹤山之阳黟北之胜地也，面亭子而朝印山，美景胜致，目不给赏，前有溪，清波环其室，后有村，葱茏荫其居，悠然而虚，渊然而静……惟裴化相其宜，度其原，卜筑于是，以为发祥之地”（《湾里裴氏宗谱》）。

从今天来看，徽州古代族聚村落基本上都具有依山傍水、靠近水源的环境空间特点。这里除了有要依照风水之说的因素之外，同时也体现了人们自觉地将自己与大自然融于一体，视大地山河为赖以生存的物质空间的理念，并也认同依山傍水而居生产生活方便的现实。

田园风光

如果村舍基地不够理想，或有缺陷的，便要按风水说法加以人工化处理，以逐渐趋于理想模式。这人工化的处理，最常用的方法就是引水。《阴阳二宅全书》有这样的说法：“人身之血以气而行，山水之气以水而运。”因而，如若一地水源不足，或渠道不畅，可以人工引水以克服其基地上的不利进而便可以达到引来财源、招来吉祥的好结果。通常采用的方法就是引沟开圳、挖塘蓄水、开湖和筑堤坎等。风水理论认为：蓄水之塘可以荫地脉，养真气。顺局宽旷，则取塘以聚气；引沟渠环绕村落而取吉气。

宋代著名画家郭熙在《林泉高致》里写道："黄山向晚盈轩翠，黟水含春傍槛流。"宏村同徽州众多族聚而居的村落一样，也是依山傍水而居。值得一提的是，它们不仅依赖于西溪之水，但更重要的是充分利用它、改造它，经过历代村民数百年的惨淡经营，使一个僻壤山村，变成一个精美绝伦的山区水乡，完美地表现出了"以山水为血脉，以草木为毛发，以烟云为神采"充满生机的聚居空间体系。

宏村的美，其中的重点就体现在它的水上。宏村的水，其中的重点又落在它的水之利用上。宏村对水的利用是在南宋德祐年间，一场暴雨洪流使村西溪水改道，两溪汇合成一流，绕村南流去以后。因为这次水系变化给宏村划下了大片土地，为宏村宅居发展提供了更广阔的基地，村庄布局也完全形成了背山面水之势。

土地的扩大，开荒耕种需要引水灌溉；村庄的扩大，日常生活需要用水浣洗。恰于此时村中又发现地下泉眼，风水理论也认为"阴穴近之，乃龙气之旺，大富贵地方有此应"，再加上历史上汪氏家族多次遭受火灾之苦的沉痛教训，所有这些，都使得宏村人特别重视水。因此，宏村汪氏家族在明朝永乐年间、万历年间两次进行了人工引水工程。

约600年前，汪氏家族三聘风水地师对雷岗山下的村落用水进行了总体勘测与规划，一方面将村中一泓天然雷岗山龙脉泉水扩掘成半月形水沼，另一方面在西溪上拦河筑起一道石碣坝，抬高了水位，并凿水圳370余丈，"引西来之水"入水沼，然后"南转东出"。经过这次引水工程，这时的宏村已基本上形成了一个家通水渠、户有水池、巷穿水圳、村有月沼的水上村庄。

100多年后，宏村已是一个楼舍连接、高低错落、人口繁衍、住户增多的大村落。新的发展又给汪氏家族带来新的矛盾，突出的问题依然是水源问题。因此，宏村汪氏家族又多人出资，将村南的百亩良田，连通大小石罅，凿深数丈，掘成一个近两万平方米的弓形水面，名为南湖。至此，宏村水利规划基本完成。清清西溪水，从村西入村，经九曲十三弯，贯穿村中心的月沼，与雷岗之泉水一道，走家串户，然后注入南湖，浇灌村南百亩良田后，又汇入东边溪，最后与西溪同流作为浙水之源，往新安江长流而去。

宏村（选自嘉庆《黟县志》）

宏村这一水系调整，不仅更加符合风水学说理念，而且给宏村带来了更加良好的居住环境与发展空间，“山深人不觉，全村同在画中居”的意境便更加完美了。

村落的规划与布局：人类古老文明的象征

一

坐落在雷岗山下、西溪水旁的宏村，与黟县桃花源中众多古老村落一样，也是一个聚族而居、有着悠久文明历史的村落。

据史书记载，800 多年前的南宋绍兴年间（1131—1162），雷岗山一带属西晋“永嘉南渡”的北方士族戴氏后裔产权，还是一片“幽谷茂林，蹊径茅塞”，只不过散住着一些杂姓山民。

追述宏村的形成，还得从汪姓的祖先说起。汪氏三十一代世祖名文和，字君睦，汉献帝兴平年间授龙骧将军。建安二年（197），中原大乱，汪文和南渡迁居至南方江东，被孙策授予会稽令，封淮安侯。建安十三年（208），孙吴中郎将贺齐征伐黟歙山越后，置新都郡，汪文和举家迁居始新（今浙江淳安），是为汪氏江南始祖。

始祖颍川侯像

汪氏宗谱

汪氏三十四代世祖汪授，字元德，孙吴赤乌十三年（250）授射生校尉，宝鼎二年（267）为右将军、陈留太守。其育四子，均为官宦。三子汪演，仕晋，官至仁威将军，散骑常侍，迁睦州新定（今遂安）。

汪氏三十六代世祖道献，字君奉，汪演之子。东晋元帝永昌元年（322）为黟县令，遂定居于歙县，此为徽州汪氏始祖。

汪氏四十代世祖叔举，字鹏举，刘宋孝武帝任军司马。勇退小仕，隐居绩溪登沅，终岁98，为绩溪登沅汪氏始祖。宏村汪氏即这一支后代。

汪氏四十四代世祖汪世华，字国辅，后因避唐李世民名讳，改单名为汪华。生于陈至德四年（586），歙县登源汪村人。汪华身体魁梧，武艺高强，蓄就一脸漂亮的胡须，人称“美髯公”。隋末带兵反隋，先后攻入歙州、宣州、杭州、睦州、饶州、婺州等六州。“六州既辑，从者如云”。建号称吴王。大唐建朝，秦王李世民率大军南下，汪华毅然于唐武德四年（621）籍六州土地兵民奉表于唐，为大唐统一大业做出了巨大贡献。唐帝李渊嘉其顺历史潮流、合乎人心和保六州免兵祸之灾的功勋，诏他为持节总管六州诸军事、歙州刺史上柱国，封越国公，食邑三千户。

《全唐文》记载：“汪华往因离乱，保据州乡，镇静一隅，以待宁晏。识机慕化，远送款诚，宜从褒宠，授以方牧。可使持节总管歙、宣、杭、睦、婺、饶等六州诸军事，歙州刺史上柱国。封越国公。食邑三千户。”贞观二年（628），汪华奉诏赴京都长安，唐太宗授其左卫白渠府将军。后改授忠武将军、十三太保，极为重用和信赖。李世民御驾亲征辽东之时，以房玄龄为留守，汪华为九宫副监。

关于汪华，“以资于治道”的《资治通鉴》一书载曰：“隋末，歙州贼汪华据黟歙等地五州。有众一万，自称吴王。甲子，遣使来降，拜歙州总管。”所记与汪氏宗谱略有不同。但千百年以来，黟歙等地六州的百姓，特别是汪氏后裔是不会忘记汪华安境保民的功绩的。

越国忠烈王像

汪华被尊为光烈公，在徽州很多地方都曾建祠祭祀。宏村汪公光烈祠建于南湖西岸，因为汪华曾为唐太宗十三太保，所以祠中竖有十三根硕大的方形石柱，极为宏伟壮观。相传农历二月十五是汪华生日，数百年来，民间尊奉汪华为

“太阳菩萨”，徽州各地多有“游太阳”的祭神活动。过去宏村庙会，汪氏家族有接送菩萨的习俗，菩萨是“汪公大帝”，指的就是汪华。其场面宏大，气氛热烈。

汪华育有九子。长子汪建任郎州都督府法曹；次子汪璨，任涪川（今重庆）令；三子汪达，功袭越国公；四子汪广、五子汪逊，均为左卫勋府飞骑尉；六子汪逵，任薛王府户曹；七子汪爽，任歧王府法曹；八子汪俊，任郑王府参军；九子汪献，早卒。宋代，九子均追封为侯，人称“九相公”。宏村汪氏为长子汪建嫡传。

二

公元923年，汪华的后裔汪迁回歙州故乡，起先居住在山泉寺，后迁往狮子山居住。经过几代人的辛苦创业，先后建立了中汪街、六家园、太子塘等建筑物，逐步形成了一个聚族而居的村落。汪华后裔重返歙州时正值五代年间的后唐建立，诸侯纷争，强盛的唐朝已不复存在。汪氏子孙不忘唐朝对祖先越国公的恩荣，故将村落取名“唐模”。

历史在大踏步地向前迈进，唐模汪氏生息繁衍到第六十一代，族中有一位叫汪仁雅的生意人在金陵（今南京）经商。因店铺突遭火灾，资产一焚殆尽，只能被迫举家回乡。途经黟县十都奇墅村时，汪仁雅原配夫人方氏病危，正处弥留之际，汪仁雅无奈，便在奇墅暂时安顿下来。这样，汪仁雅也就成了宏村汪氏第六十一代世祖。

奇墅村虽然是黟县桃花源中一个很美丽的地方，“其地僻中旷，山水环抱，泉甘土肥”，十分利于生活息养，但这位迁徙到黟县的汪氏祖先还是看中了距其五里之处的“雷岗之阳”风水宝地。汪仁雅曾遗言于后代子孙，“阳基形胜应在雷岗之阳，后必福禄延绵”。他希望后代子孙能迁居雷岗山下，安居生息。汪氏在此定居后，也还人丁兴旺，家业发达。不过到了南宋绍兴年间，江南动乱，黟县遭兵劫。“缘江东盗张琪剽掠奇墅，奇墅同居三百余家一焚而尽”。又是火灾。可惜呀，数代人艰苦创业之成果因盗火付于一炬，毁于一旦！此时，宏村汪氏已传至第六十六代。

盗火过后，汪氏家族各房纷纷各谋迁徙他地，唯有汪氏家族六十五世祖汪宗珉公长子汪彦济（字公楫）不同。他一则难舍黟地山水秀美，二则念记祖先汪仁雅公曾有遗命：“后吾族如遇灾祸，可迁徙于雷岗之阳，必可福禄永绵。”于是，汪彦济便率本房“捧祖像，怀家乘，率妻孥，皆老幼”缘水而上，见祖先所指之地“背有雷岗耸峙，碣溪环带，形势极佳”，便“购求宅基几亩于雷岗之阳，卜筑数椽，旋竖楼枕高岗，面流水”。

奇墅湖

说起奇墅火灾和汪彦济率子孙迁宏村，民间还有一个神奇传说：

奇墅村北有西龙溪，南有鱼山溪，鱼山、西龙紧紧相望，四周林木葱茏，风光十分绮丽，垮西龙溪有座大石桥，叫万年桥，风光尤佳。垮鱼山溪也有座石桥，唤作万寿桥。万年桥头两头各有大树三棵，各有一方大石头，常年来有一老一少在对弈，老者白发银须，八十开外，身板硬朗，手边有一柄虎头拐杖，住在白东山村，独居四方神庙，姓王叫王一真；少者住在五通殿神庙姓姚，叫姚志。据说，这两人确有本事，能通神通仙。这天，四方神和五通神天天在此下棋，突然老者站起来说声：“不好，村将大难来至，凭我俩之力，无法解救，这也是劫数。”五通神说：“速告地方，通知百姓，立即过桥，北去宏村，人是要救，村落不保。”原来，南宋绍兴元年辛亥六月，江东大盗张琪攻陷徽州，知州事郭东弃城逃走，张琪进入徽州府。七月，岳飞裨将韩世清追袭之，到了祁门，打了一战，韩世清兵败。十二月，抓住张琪，被杀，兵败村宁。在此之前，张琪从徽州至祁门路过奇墅，百姓没有遇难，但房屋被付之一炬。其缘故就得益两神的庇护，他们提前通知村里百姓说，贼兵今晚到休宁兰田，明天必经此处。此股贼兵是亡命之徒，必须连夜打点家什分几路逃难，东路绝不可行。顿时间村中乱成一团，直到天明，整个村落已基本无人，四方神对五通神说："我俩立守大桥，阻兵追人造成死难。"不多时，只见人叫马叫，张琪贼兵从兰田沿奇墅东南方向进入村庄。本来在此打尖，埋锅造饭，再刮一笔钱财，不想走漏消息，百姓逃得无影无踪，但是竟有两个老者因为不舍得耕牛，夜里又摸不清方向，因而还在村里。此时五通神和四方神化成一道白光，在二位老者眼前，老汉牵着牛，沿光线亮处逃走。刚过桥，岳飞裨将韩世清追到，许多兵马，无法过桥，四方神与五通神挡了去路。上桥一个，跌下桥一个，连韩世清本人也不敢上桥，张琪贼兵在村里停了两个小时，就亮出许多火把，将美丽的奇墅村汪氏三百多间房屋烧了，扬长而取道西武岭至祁门县。四方神、五通神也各自归位，复命去了。

汪彦济公率子孙到雷岗山下建屋安身，此为宏村汪氏家族始祖。"转瞬二十年，披荆辟艾，亦既树楼十有三间"。其楼便是我们今天看到紧靠雷岗山脚的"十三间楼"。何谓"十三间"，该不是与汪氏上祖汪华"十三太保"有某种数字契合，受祖先之庇护，以图吉祥，以望发达吧？

雷岗山风光

就这样，宏村汪氏六十六代便开始在宏村居住创业，世代繁衍下来。如果这样计算，汪彦济应该是宏村汪氏始祖，距今已有 800 多年了。

当时的雷岗山下原居住着韩、谢、董三姓村民，汪氏来到这里以后，从此便成了四姓同居。按照姓氏势力的大小，这一带曾称过谢村，后又改称韩村。开始时四姓倒也和睦相处，各自按山溪河流为界。汪氏来此最迟，故占有的地方也就最小。

随着岁月的推移，汪氏家族逐渐发达起来。“取扩而成太乙象，故美其曰弘村”，应弘广发达。清乾隆年间因避讳弘历名，改名宏村。太乙，又称太乙数，太乙是术数的一种，为三式之首，是古代高层次预测学，相传太乙式产生于黄帝战蚩尤时，属易经象数之学。熟知太乙神数，实乃掌天地之气息、八方之察微，大之国道，小之民生，莫不精细知闻。

关于宏村，还有这么一说。古时村落，多以姓氏为村名。宏村原多为韩姓，宏村早先也就叫韩村。只因后来韩、汪两姓为争势力，百年间争斗一直没有停歇。最后，汪氏家族势力不断强盛，而韩姓家族势力却渐渐衰弱。无奈之下，韩姓只得迁居他处。从宏村迁出的分三支：一支落于附近的万村，一支居于大山中的小源，还有一支就迁往当年汪氏祖先迁出的奇墅村。韩村无韩姓，村名当然名不副实。“韩”与“宏”“弘”在黟县话中发音完全相同，韩村改为弘村、宏村也就自然很顺口。

汪氏族丁的不断增多，族房的日益扩大，村况又符合太乙预测之趋势，这就使得他们越来越感到原有的占有地不够用。遥远的祖先几度迁徙而遗留给后代的艰苦创业的精神与面临着人多地少的实际问题相互交织在一起，成就了汪氏家族迫切需要迅速扩大自己地盘、增强宗族势力的强烈欲望。他们可惜“古邕一溪自南冲北，界划谢村亭（即今睢阳亭之遗址）于西水石道塌（今前街路），横街东（今街口头）偏入东山溪合石栏塔水，曲折出奇墅”，认为“二溪不汇西绕南为缺陷，屡欲挽以人力，而苦于无所施”。假如是两溪于西交汇后又绕村南而行，一则会使村庄风水更为完美，同时还会给汪氏家族划下大片土地。

也许是汪氏家族艰苦创业的精神和亟须扩大势力的强烈欲望感动了上苍，好运于是降临到汪氏家族的头上来了。

时光推移到100多年后的南宋景炎丙子年（1276）五月望日。这一天，“雷电风雨，暴兴迷离，若飞沙走石，腾蛟翔龙状”，大暴雨连续下了两天两夜，顿时，山洪暴发，河水泛滥，雷岗山下一片汪洋。“汪洋后平沙无垠，明日顿改古道，河渠填塞，溪自西而汇合，水环南潴卫”。汪氏家族做梦也没有想到，一次罕见的山洪竟给他们划进了数代人梦寐以求的一大片土地，全都以为这是上苍的赏赐，是祖先的恩德，这正该是汪氏家族兴旺发达的时候，因此汪氏家族扩大基业的劲头便更大了。

面对汪姓势力的迅速崛起，其他三姓自然深感不安。谢、董两姓自知本族势力不强，难以与之抗衡匹敌，于是渐渐移出，迁徙他地。唯有韩姓不服，与汪姓结下积怨，久而久之积怨成仇。后来竟发展成两姓宗族械斗，这矛盾一直延续至新中国成立后才逐渐平息。

自此，雷岗之阳便成了汪姓为主体聚族而居的村庄，这里的汪姓也冠名为“雷岗汪氏”。

塔川秋色

而民间对于雷岗山的传说，更为传奇。民国汪延元撰《井丘草堂笔记》有记：咸丰十一年，太平军侍王李世贤属下刘官庄部占领太平县，一过好多年，遭到清兵与地方地主武装团练的狙击。因为忠王李秀成部在江浙一带吃紧，李部奉命从江西支援李秀成部，亟须打通从太平县经新安去浙江的道路，太平军与清兵和地方团练在宏村周边卢村三才殿一带发生激战。三才殿是师姑堂，俗名称红庙，战斗进行三天三夜，双方均有很大伤亡，太平军亟须夺路，迅速从卢村败走宏村经鱼山溪至兰田去浙江，为了队伍行进方便，头一天就打发军需从卢村段经万村、郭村挺进雷岗山，部分军队进村，一把火烧掉宏村庆阳和地域的威远堂。这正是当时宏村团总汪必烈公俗称白脸虎的家，这一炬殃及庆阳和地域几十家居民房屋，火光冲天，村庄乱成一团，男呼女哭，惨不入目，正在此时，太平军军需已经上了雷岗山，从四处征来的民夫抬着放黄金白银的棺材往山上去，四边由太平军把守，严得连鸟也飞不进去。民夫中有一个特别机灵的小青年名叫李小黑，是考溪的农民，在山上打柴时被征的，他和大家一样，目睹了这次藏宝，待金银埋好时，小黑见势风不对，迅速钻进一个空缺的老棺材祠里，躲过一死。李小黑逃出村时被太平军砍了一刀，受伤昏倒，幸被宏村村民韩天明救起。太平军退尽，李小黑昏昏沉沉对韩大叔说，一百多民夫被埋了，太吓人了，当村中家族主事赶到，问李小黑埋宝位置，李小黑已经不行了，只断断续续地说：

金窝窝，
银窝窝，
二块大石头，
一畦韭菜花。
金窝窝，
银窝窝，
三根松毛枝，
吊个老北瓜。

他说罢便断气归天了，而这支埋宝的太平军退到浙江在淳安遭到清兵伏击，全军覆没。雷岗山太平军埋宝的故事至今流传，是何地域，却从来无人知晓。雷岗山也因此更加神奇。

三

元代中叶，宏村雷岗汪氏始祖汪彦济的第九代孙汪玄卿，是一位闻名于方圆数百里的乐施好义之士。于是四方文人墨客纷纷慕名而来，“造访无虚日”。在众多客人之中不乏阴阳信士、风水先生。一天，众人用膳以后，汪玄卿便邀请他们登上村后的雷岗山，俯瞰宏村山川胜景，趁他们高兴之时，以便索取名士诗句墨宝。其中，有一位阴阳信士登上山后，立即为宏村的地理位置所惊讶，为感谢东道主知遇之情，便对汪玄卿说：“村之正中有天然一窟，冬夏泉涌不竭，此宅基洗心也，宜扩之，以潴内阳水而锁朝中丙丁之火。”并且特别强调，如扩之为塘沼，汪氏定可发达兴旺。

听罢此番话，汪玄卿非常相信，但当时由于自己广交朋友，多行善施义，所剩积蓄已不多，再加上自己年事已高，再也没有精力来操办如此浩大的工程，因此，只得将此事记入宗谱，传递后代，以便后代人能按照祖先遗志，完成此一重任。

明代永乐年间，距今大约五六百年的时候，雷岗汪氏传到了汪思齐这一代。汪思齐是族中能人，他学富五车，精通琴棋书画，还特信阴阳风水之说。这一年，按族规，轮到汪思齐掌管汪氏总祠祭祀执值，宗族总谱也就传到了他手中。于是，他自然也就发现了祖先玄卿公记下的这件事。

宏村人有感于先祖曾数次遭祝融之苦，同时也视今天村落发展迅速而忧火烛之险，“识者忧之南山赤日如烈焰也”。此时宗谱上“村之正中有天然一窟”的记载很自然地引起了汪思齐的深思：如果此窟开挖出来，并引进西来之水，不仅可以防火用，而且还可以起到饮用、浣洗、浇灌、静境之功用。但是，早先他也曾听上辈人说过，这泉眼连通雷岗龙脉，是村中风水泉，不可妄动；且此泉眼离汪氏总祠“乐叙堂”不过数步，因此思齐公更是不敢轻举妄动。

宏村月沼夜色

于是，笃信堪舆之术的汪思齐便三次前往海阳（今休宁），虔诚地请来号称国师的阴阳风水先生何可达。何国师三临现场勘察，汪思齐同时又邀请同宗长辈共同谋划，“遍阅山川，详审脉络”，反复商议，终于制定出扩大宏村基址以及按泉眼为中心的村落布局与水系规划，即“引西溪以凿圳绕村屋，其长川沟形九曲，流经十湾坎”，串入人工池塘。如能实现这一规划，则“水涤肺腑，共夸锦绣蹁跹，乃左乃右，峰倒池塘，定主科甲，延绵万亿子孙，千家火烟，于兹可构”。

至于何可达之所以能够科学构思出宏村水系规划，相传也是得益于高人指点。传说，何可达到宏村时，还请有二位高徒作帮手，一是吴守仁，休宁里仁村人，对水利有研究；另一位是休宁龙湾人，叫莫昌颐，善察风水。师徒三人，先识环境，再研旧图，督办汪升平公随同。一天，到了宏村西头石濑，观其水势，西从邑川口至万村，北从五里圳沿十三湾到石濑口，登雷岗涉邑水，忙碌得很。太阳西沉，何观北山茫茫、雷岗风景，决定夜宿石濑滩，住在一个临时搭起的窝棚。这天是个黑天，没有月亮，只在下半夜才有一点朦胧光亮，何可达和徒弟商量了白天察看的结果记在图本上。十点过后，何可达发现雷岗山一带风行甚烈，直往南，迫使溪水横流，西向、北向一片漆黑，只有东南开阔平静，也许是白天太辛苦了，师徒三人蒙眬地入睡了。

何可达忽然看见一位金甲神人，朝窝棚走来。何可达是相信神的，金甲神人来访，必主重事。只见金甲神人来到他面前说："我乃此处山神，告之你，此村主人请你勘地脉，为民造福，你可知晓？此村北枕雷岗有土而无木，南濒双水而无金，所容火者为其中，若一户着火，殃及全村，水远不扑其火，无木不保其土，其丙丁之火，必用阴阳才能镇住，露土之山必以木而护，水之源、土木也。"山神又说："东妖、西魔必常犯村。"何可达答曰："依神之言，何以镇之？"山神云："东以道镇，以吾神之力，必镇妖，西以佛镇，西天之事，佛程安排，众多生灵，以南为安。"说罢，金甲神人已遁而不见，何可达突然眼睛一亮，脱口而出："对啊，我怎么就想不到。"第二天，师徒三人，急对图本重定急缓，对升平公说："金甲神人之说很明白，村西西溪之上是水口，不能指望一条邑川之水入口进村，要得以十三湾水和鱼地雷岗的地下水，三水之合处，建佛堂，经佛坐镇，村东头是出水处，白龙山挡其道，东溪之水不汇流南下，以阻白龙回首，此地建道观。北向是雷岗山，光山无用不保土，更无水，广值大树，以木压土，以土发水，此为上策。石濑下方，筑碣拦水，村建长圳引水入村，村中开阔腹地掘沼蓄水，用长圳引来之阳水与雷岗地下阴水汇合入沼，才能抑丙丁之火，此固本之策。"何可达绘制好引水图本，祭告山神，焚烧香纸。

宏村如此规模的水利工程进行得很顺利，几百年来雷岗山树木成林，遮天蔽日，鱼上地段的地下水源源不断，山体平稳，植被厚绿，西溪之上建有小普陀观音佛堂，村东白龙山下建有龙排道观，南掘湖泊，形成水域，村落于是日益繁荣昌盛。

关于此，还有一种传说。汪思齐有一颇具才能的贤妻名胡重娘，是黟县六都西递村明经胡氏之女。早年在闺中她便随其父遍学阴阳八卦、地理风水之术，对于村子里这眼活泉，早有开挖心思，只是恐怕村人以为是妇人之见而绝对不服。而汪思齐前往海阳三请何可达，只不过是她为丈夫出的主意，玩的"障眼法"。

悬挂在汪氏祠堂中的胡重容像

可惜的是，汪思齐在有生之年并没能够实施这一宏大规划。

到了汪升平这一代，为继先人之志，他拿出了毕生随储万金投资这一工程。“凿圳数百丈，引西来之水，南转东出，而于三曲处瀹小浦，又分注西入天然窟，窟之四畔皆公租田，计五十有一”，“形如半月，环拥祠前”，名曰月沼。这便是现在人们看到的月塘。

塘的四沿均用石板铺地，弦部由十三根石柱连条石，构成半人高的石栏。柱与柱之间有三块条石，距离是一丈三。由于年代久远，石栏部分破损。后来，重修时把西头的一根石柱落掉了，故现在人们看到的是十二根。

石柱头刻有莲花饰纹，象征家族吉祥。十三根石柱，一丈三的间距，不由得使我们又想到了雷岗山脚的十三间楼。宏村人似乎对十三这数字情有独钟，猜想是与其祖先越国公被封为十三太保有某些联系吧。弓部没有石栏，平展划一的青石便于村人汲用、浣洗。粉墙青瓦的民居整齐有序地环绕于四周，北部正中是汪氏总祠，称之“乐叙堂”，俗称众家厅。

汪氏总祠稍早于汪思齐年代建造，历经数百年自然沧桑、人间浩劫，除大门和首进前大厅贴壁门罩牌坊基本保持原貌外，其余的如后进正祠祭祀厅、享堂均已无存。所幸的是21世纪的今天，宏村被列入世界文化遗产名录以后，全面修复“乐叙堂”工程已经启动。相信用不了多久，在月沼边上，宏村“乐叙堂”就会以昔日的风貌重新出现在人们面前。

四

自汪升平投资万金开凿百丈长圳、扩建村心月沼后，不知是此举感动了上苍诸神，还是此效汲取了大地山川之灵气，从明代永乐到万历150余年间，宏村果然应了风水阴阳之士的灵验，“常构肆增，月沼之前及左右两旁百堵俱兴”，“烟火千家，栋宇鳞次，森然一大都会矣”。

由于徽商的崛起，黟县与徽州其他县一样，明代是南宋后又一个大发展时期。此时的汪氏家族中亦不乏善于出外经商致富的能人。他们与众多的徽商一样，“求衣食于四方”，忍辱负重，刻意经营，耐劳求成，终有所获后，便纷纷回故乡购置田产，营造房屋，兴建祠堂，开办书院。一时间，宏村的发展速度几乎是惊人的。

明万历年间，宏村的人口迅猛衍殖，房屋密集修建，而且其规模日趋庞大，再加上各房、厅的家祠、支祠纷纷兴建，村庄规模不断扩大，150年前开凿扩建的月沼、水圳明显不够用。蓄潴的“内阳水”已不敷需要，“南山赤日烈焰”依旧是人们心中的忧患，村外新开垦的近200亩田地亦缺水灌溉，水源的矛盾又一次日趋突出。

此时，汪氏家族的长辈们又想到了自己的先祖曾说过，月沼所蓄的只是“内阳水”。宏村“新溪绕南之北畔，有良田百亩”，如果能“再凿地蓄‘外阳水’，子孙其更逢吉”。于是，村人茅塞顿开。

万历丁未年（1607），由村人汪奎元主倡，汪氏大小族长16人集资，在村南征集秧田数百亩，连通大小石罅，凿深数丈，开辟出一个硕大池塘，四周砌石立岸，其面积达18000多平方米。因位于村南，故取名南湖。

单就这一项水利工程来说，在当时无疑是十分浩大的。尤为叫人称道的是，设计者在开凿南湖时，还结合村落总体规划，十分注意村落的环境综合整治，使得民居住宅、书院、祠堂等建筑群与水圳、月沼、南湖等水流系统工程形成一个整体。整个南湖呈半环形，弓背部即湖之南畔，湖岸分上下两级，每隔一丈五尺各植红杨、垂柳一株，形成一片绿荫，与村北雷岗山的榛树林遥遥相对。弓弦部即湖之北岸，此侧倚村，平铺的青石板整齐划一，临岸建造错落有致、风格多样的徽州古建筑，其粉墙青瓦又与对岸的红花绿树相对应，十分和谐。后来，湖中增筑细堤，建画桥连通两岸，将南湖一分为二，湖水相通，东西通舟。湖中养鱼植荷，每逢夏秋之际，荷叶亭亭，菡萏吐芳，其诗情画意往往使游人流连忘返。

昔人曾这样描述："南湖广百余亩，居民以时蓄泄灌溉之，绕环食其利。堤植花柳浓阴翳，如夏则芷荷殷然，弥望一碧，游迹之盛，比于浙之西湖。"

宏村自从有了南湖，便更增添了不少光彩。明清以来，慕名前来游览探胜的文人墨客络绎不绝，无不被这里的湖光山色所深深吸引。人们纷纷泼墨挥毫，留下众多赞美诗句。清人汪承思诗曰：

湖波潋滟接清溪，一雨浮空欲拍堤。
同傍古梅吟立久，隔烟时有水禽啼。

南湖建成400多年以来，其间有史可查的重整疏浚工程有三次。同治年间，汪怀远捐资修治，因战乱而未完全收效。光绪年间20余年，湖复淤塞，汪端平曾做浚治，但也未能完全满意。最重大的一次是在宣统二年(1910)，汪子仁"游幕归来，慨然有志。提倡规画，不遗余力"。然而，正兴工之际，也许是汪子仁操劳过度，"遽以病故"，工程关键时刻，"幸族贤多予赞助，众擎易举"，修治工程终于圆满告竣。

宏村南湖

今天的南湖，新中国成立后，村里兴修水利，亦曾数次修整，使之基本保持原貌。这里四季清波荡漾，远山近树，粉墙黛瓦，尽映水底。作为宏村主要旅游景点，它已不仅仅是古黟桃花源中的一绝，而且是中国乡村村落建设中科学与诗意的完美结合。南湖四时景色不同，日夜风光各异。古人有诗："夹岸桃李花，浓英殊窈窕"；"入夏菱荷香，镜面净为扫"；"最是夜阑风浪静，楼台灯火半模糊"。今人用这样的诗句赞美南湖——

"绿阴如幄草如茵，碧沼红蕖景色新。山如围屏湖作镜，中间着个浣纱人。"（汪任安《南湖消夏诗》）

"青山绿水本无价，谁引碧渠到百家？洗出粉墙片片清，映红南湖六月花。"（余家怡《咏宏村》）

"连拱长虹伴绿洲，清泉碧水圳中流。以文家塾依堤岸，童子书声贯北楼。"（王棠荪《咏南湖》）

"路转迂回石径斜，溪流九曲几人家。南湖风月驰中外，深院雕梁是物华。"（熊复《宏村》）

"南湖今日换新装，妩媚多姿窈窕娘。雨洗风梳鬟鬓秀，红描绿绣绮罗香。燕莺弦管清音婉，烟柳文章韵味长。好景年年看不尽，瑶池今未在天堂。"（权新亚《宏村南湖赋》）

"烟帘雨幕罩南湖，近树远山淡若无。涨足新春三尺水，披蓑垂钓自娱乎？"（舒松钰《雨中南湖》）

《春满南湖》："风细涟漪起，花香溢满湖。鹅黄飞柳色，碧水鹭鸶凫。"《夏荷飘香》："柳舞步轻娇，蝉声涌浪潮。清荷红鲤戏，牧笛和笙箫。"《南湖秋色》："秋风波澹澹，落叶小舟闲。菡萏娇身隐，长桥影月圆。"《冬湖碧流》："轻云收镜底，岸柳照疏头。风冷画桥健，一湖尽碧流。"（徐英明《五绝·南湖四韵》）

五

南湖建成以后，人们又在西溪上架起桥梁四座。此时，牛的图腾跃然而出，一座美妙绝伦的牛形村落便从此诞生了。四座石墩木板桥宛如牛腿，那高高的雷岗山恰似牛首。虞山溪上拦河做碣，长出了九曲十弯的 1268 米长的"牛肠"，穿村绕户进千家，通入村中宗祠"乐叙堂"前月沼这"牛胃"，最后又汇于称作"牛肚"的南湖。

南湖画桥

宏村，好一座牛形水村。

对于牛形村庄的说法，历来有许多不同议论。有的说这是一个美丽的传说，有的说宏村祖先很早就有这种意识，有的说这是70多年前几位南湖书院的年轻教书先生的酒后神侃，甚至有人断言这是600多年前的宏村人依照“仿生学”原理建造起来的。尽管说法不一，但最起码的牛形村落在今天已经得到众多人的公认。

古时候，在生产力落后的漫长年代，对以农耕为生的人们来说，牛是人类赖以生产丰收的有力助手，成了人类密不可分的伙伴和依靠。牛对人类的巨大贡献，使人类产生了对牛的崇拜。爱牛敬牛的客观存在，产生了无数关于牛的美丽传说、称谓和艺术。牛庞大的身躯、温顺的秉性、耐劳的特点，使得古人以为牛是神物，有着无穷的神力，有许多神异的功能。因此流传下如“牛郎织女”之类的一个个美丽传说。

在宏村背后的羊栈岭北麓，有一个美丽的小山村，名叫牛泉坑，因地处牛泉山而得名。而牛泉山又因其山顶有一泓名曰牛泉的清泉而得名。关于这眼泉水，就流传有一个美丽动人的神牛故事。

宏村牛形之说虽无史书考究，但清乾隆年间宏村人汪士通《雷岗山记》一文中曾提到雷岗系大青牛一说。雷岗“随山脉直曲，宛如大青牛卧伏，头西尾东”，“雷岗山西侧，古有二亭，一曰丹阳，二曰紫霞，传为青牛之眸”。如今，牛形村之说中的牛首是雷岗山，看来并非空穴来风，也还是有一定来源的，只不过原先是一头卧牛，而今成了一头行走之牛，且比原来的大了许多。

因为我国是农业古国，水利又是农业的命脉，水少了，人们千方百计想方设法，甚至哀求于上苍赐水（求雨）；而水多了，又会带来山洪水灾。所以，如何控制住水源，乃是古老的农业民族的头等大事。兴修水利是农业生产中的要务，利用牛神镇水也是一个重要的民间信仰。利用神牛镇水，有许多传说。传说战国时李冰治水，开凿都江堰时曾变成披白绶带的牛与江神斗法。从考古发掘上看，唐代已用巨型铁牛镇水。直到清代，各地除建龙王庙外，也建牛王庙，供牛王神。另外，还在许多地方铸铁牛镇水。江苏的洪泽湖沿岸，据说共有九头铁牛。北京颐和园昆明湖畔十七孔桥头就有一尊铜牛。这头铜牛是清代乾隆皇帝为其母皇太后钮祜禄氏祝寿，改建清漪园（即后来的颐和园）时铸造的。

今天我们用现代科学的眼光来看，尽管铁牛镇水之说无疑是荒谬的，但是，人们的认识是很难超越历史的。我们从铸牛镇水的举动之中，应该充分体会到古人追求安宁的企盼，充分体会到牛在农耕社会的重要性。

反观宏村的牛形，是否也代表宏村古人追求安宁的一种企盼呢？宏村的水利工程修造就是他们改变原有生活状态、对更安宁美好生活的企盼而对水源的充分利用。事实上，宏村是一个多山洪水灾之地。就最近数十年来看，建于西溪上的拦水石堨坝就曾经好几次被突发的山洪所冲毁。1981年夏的一次大洪水，有目击者说：“只听见堨坝的石块被洪水冲走，轰轰隆隆地响。洪水下堨坝时，斜冲向前再卷起水浪，堨垫、堨床全部被冲毁后，洪水从坝顶直冲河床。”

早先，在西溪河上架桥，还有只能架木桥而不能架石桥的传说。说是因为桥是牛的四条腿，如果用石头做桥，就会锁死牛足，不得扬蹄，宏村就不发，故而西溪上的桥都是用木头做的。其实不然，古时的生产力落后，做石桥要比做木桥花更多的人力财力，且山洪暴发，石桥一毁，要修复困难很大。而木桥方便，省力又节财，洪水来了，用铁链连接的桥板和桥柱很自然地会顺水漂起，靠到岸边。待水一退，人们又很快地能将桥架起。

与之媲美的另一个列入世界文化遗产名录的西递村，村落的整体呈舟船形状。鳞次栉比的明清民居如同一条大船的一间间船舱，村口高大耸立的乔木和牌坊宛如桅杆、风帆。船形村正是告诫西递人要在学海、商海、宦海中去一展才华，乘风破浪，搏击中流。

宏村牛形的建成，绝不是早先谁有意识地按照牛形总规划进行建造的，更不是某些人酒后的神侃，而是宏村人民800余年来成年累月地与大自然交往而逐渐形成的深厚的文化积淀。它的形成是丰厚、复杂的，其中不乏文化观念、宗族观念，同时更有农耕民族对牛的崇拜和依赖。

更重要的是，“牛形村落”科学的水系设计，不仅为宏村居民生产、生活用水提供了方便，解决了村落的消防用水，调节了气温，创造了一种“浣汲未妨溪路远，家家门前有清泉”的良好环境，为村落的发展奠定了基础，而且为后人即当今旅游的发展、中国传统村落及世界文化遗产的申报，提供了无限美好的前景。

宏村的牛形，形象地体现出一种强烈的追求和精神象征意义，即村落总体轮廓与所在的地形、地貌、山水取得自然的和谐，并在对某一种有意味图案模拟的村落整体形象中寄寓了特定的象征意义。这个象征意义应该是很清楚的，也是很能够理解的。而“牛形村落”衍生出来的文化意义及神奇传说，更使得宏村充满了无限的魅力。其中流传甚广的是承志堂主人汪定贵“牛口葬父”而发迹的传说——

承志堂

相传，汪定贵幼年家境贫寒，母亲早年亡故。汪定贵长到16岁时，父亲又因病去世，家里无钱收敛，在几位穷亲戚的帮助下，汪定贵用草席卷了父亲的尸体，匆匆塞在雷岗山上一个天然的山洞里，用土将洞口封死，然后随着同乡长辈赴江西九江当学徒。

在九江干了几年后，有人举荐他到芜湖聚顺盐号当伙计，在此期间，他积累了一些经营盐业的经验，不料好景不长，聚顺盐号因同行倾轧而倒闭，考虑到汪氏族人在九江经商的较多，汪定贵只好再次回到九江。

汪定贵原本积了几个钱，但一直存在聚顺盐号当股本，盐号一倒闭，他的那些存款就全打了水漂，回到九江时，身边只有一点盘缠钱。

汪定贵在九江码头下了船，正准备往城里走去时，却看到路边有一具尸体，一个小孩跪在旁边，“嘤嘤”地哭着，过往行人一个个是恐避之不及，而汪定贵却走过去，弯下身子向孩子打听缘由，当他听到这父子二人逃荒来到九江，父亲病故，儿子无力安葬父亲时，他突然想到自己当年就和这孩子一样悲苦，于是把身上所有的盘缠交到孩子手上，让他找人尽快将父亲安葬。

汪定贵后来发了财，在沿江各大城市里开设了许多商号，奇怪的是，这些商号除了盐业、土产、钱庄外，还有一些棺材铺，这些棺材铺贴出告示，凡无力埋葬亲人者，棺材铺免费施舍棺木一具，并赠送些许收殓费用，所以，汪定贵到过的地方，人们都称他为汪大善人，此是后话。

再说，在九江码头下船，汪定贵把盘缠施舍光以后，便无钱去住旅店，当时，太平天国义军与清军经常在九江交战，九江城里的许多官宦富商纷纷逃难，一些豪宅大院被败军洗劫后，只留下一幢幢空空的房子，大门洞开，汪定贵便找了一处废弃的房子暂且歇息，待天亮时再投亲访友。

汪定贵席地而坐，解下身上的包袱当枕头，想到包袱里还有几个孩子们喜欢的面具，那是他在芜湖码头上买的，准备带到九江送给亲戚家的孩子作为礼物，面具清一色是狰狞的魁星，传说“魁星点斗”可以决定一个人的功名，所以给孩子送这种礼物，大人们一定欢喜，唯恐将面具压坏，汪定贵解开包袱将面具取出来放在身边，然后枕着包袱睡下。

清冷的月光从窗子外照了进来，汪定贵迷迷糊糊就要睡着时，蒙眬中看到一位身着白衣的老人站在他身边，他一惊醒，本能抓起身边的面具往脸上一盖，这一盖不要紧，只听那老人“啊”的一声，汪定贵透过面具看到白衣老人突然变成了一只白鼠，匆匆钻进了院子里的花台下。汪定贵突然想起，老一辈人曾说过，白鼠是窖神的化身，白鼠钻进去的地方，定有窖藏，想到这里，汪定贵全然没了惊怕，找来工具就着月光将花台挖开，这一挖不要紧，那两丈见方的大花台里整整齐齐码着十缸银锭。汪定贵一屁股坐在地上，呆呆地望着这巨大的意外之财，他在想到底是全部搬走还是只取部分，突然他想到童年在南湖书院中老师讲的那个人心不足蛇吞象的故事，于是他当机立断，只从每个缸里取出一锭元宝，然后用泥将花台原样盖好，天亮后，汪定贵带着银子在九江城里廉价买下一个铺面，然后靠着这几锭元宝作为资本，开始自己独立门户的经营。

汪定贵发了财后，本想将十锭元宝加上利息还给那埋窖的人家，但想那样传出去，会给对方和自己增添不必要的麻烦，便教人以埋窖人家的名义，将十锭银元宝及利息捐给寺庙，作为香火灯油钱。

经营成功的汪定贵后来回到家乡，带来江西知名的风水先生，想给当年草草掩埋的父亲遗骨迁个好风水，谁知那风水先生看到汪定贵葬父的那个山洞后连连称奇。见汪定贵一脸迷惑，风水先生解释说：“迁个风水对我来说是举手之劳，我何尝不想赚汪大老板的钱，但汪老板父亲这个坟我万万不敢迁，宏村为一牛形，雷岗山本是牛头，而你父亲恰恰埋在牛口之中，幸好你当初因穷困用的是草席卷尸掩埋，‘金草入牛口’注定后辈当日进斗金，而如果你用的是棺木，那后果将不堪设想……”

汪定贵重赏了风水先生，并听从其劝告，不再迁坟。

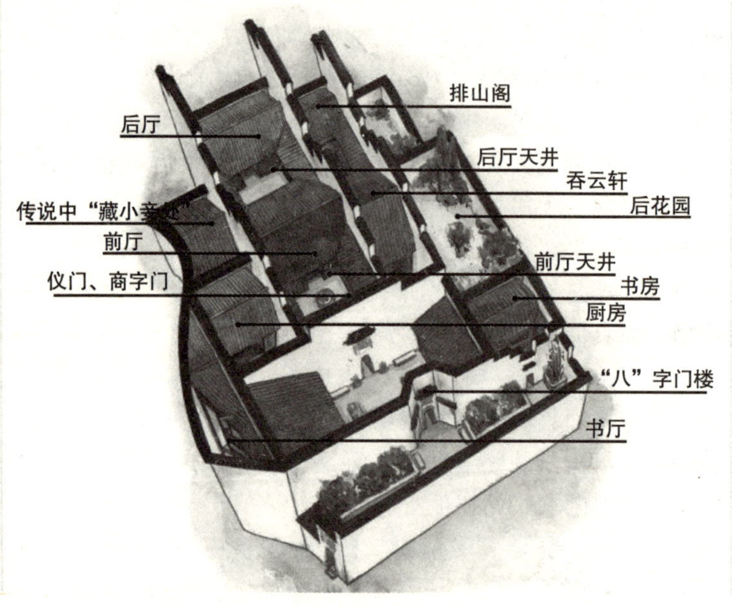

承志堂结构图

宏村民居建筑的特色：传统建筑的典型作品

一

1987 年 10 月 20 日，这天的太阳起得格外早，薄雾笼罩下的宏村似乎更多了几分迷人的妩媚。上午 9 点多，月塘畔的乐叙堂前来了一群人，为首的是一个银发老人，只见他一边听介绍，一边仔细端详祠堂大门的贴墙石坊，说："这一层一层结构，双龙盘珠，砖石雕饰，线条图案都十分讲究。这牌坊虽然被破坏了，但仍然可以看到当年非凡的雕饰手法。这样的建筑艺术，文化底蕴很浓郁。可以说宏村这一个个祠堂、一幢幢民居，就是一页页耸立的建筑立体史书……"

世界建筑大师贝聿铭在黟县

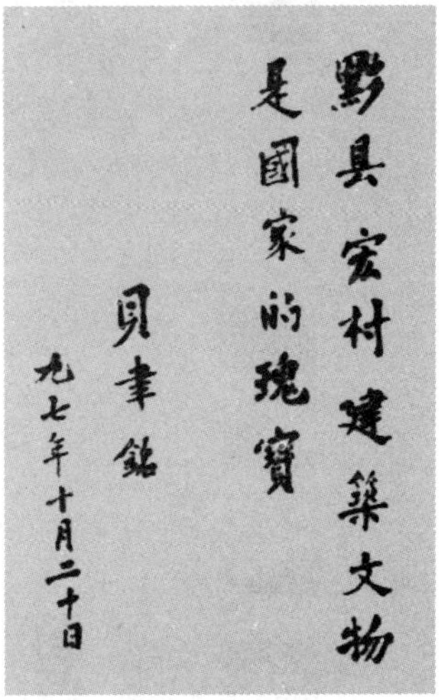

贝聿铭为宏村题词

这位银发矍铄的老人，就是世界赫赫有名的建筑设计大师贝聿铭。这个曾经为华盛顿美国国家美术馆东馆、香港中银大厦、日本美秀博物馆及巴黎罗浮宫扩建工程等一系列享誉世界的建筑绘出蓝图的大师，面对宏村建筑也情不自禁挥毫赞叹“黟县宏村建筑文物是国家的瑰宝”，并嘱咐要对宏村的建筑风格好好研究绘制出详细平面图，并别忘记给他寄上一份。

在南湖书院的接待大厅，我们看到了江泽民、乔石等党和国家领导人在宏村留下的身影，众多专家学者、社会名流的题词。皖南山区、黄山脚下的这个平平凡凡的村落，竟能产生如此大的能量，年年都吸引成千上万的海内外游客，处处都引发众多著名建筑专家、学者的由衷赞叹。人们不禁要问，宏村的魅力何在呢？

在宏村砖雕微缩艺术公司内，我们欣赏到了一幅砖雕宏村的美丽作品，它从一个侧面让我们了解了宏村的全貌。

这件微缩砖雕宏村全景作品，是黄山市黟县龙江乡朱村农民鲍大赛3年汗水和心血的结晶。这位曾在黟县旅游纪念品大赛中屡屡获奖、在安徽芜湖举办的全国旅交会上大量作品被人收购的土专家，做了一件有意义的事。

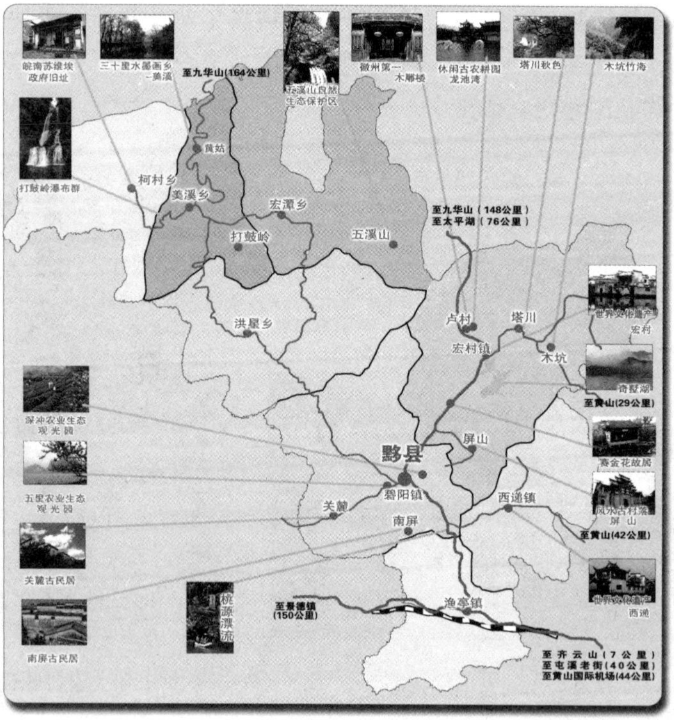

黟县旅游地图

几年来，他租住在宏村，拍摄了大量图片，画了一沓沓样稿，对古村落的线路、村貌、水系等进行分析，算出比例，烧制砖坯1000多只、30多窑，整整3年，耗资约3万元，终于完成了这件古色古香、气势蔚为壮观的“宏村古村落”砖雕微缩全景作品。传统的用于门罩等装饰的砖雕，创新发展成为一件精美绝伦的工艺美术作品，不能不说是一个发明创造。该作品占地40余平方米，完整地体现了全村的420幢古民居以及南湖、月沼、承志堂、南湖书院、德义堂、树人堂、碧园、十二问楼等古迹景观，形态逼真；此外宏村的整个水系也有所体现，潺潺清泉淌过各家门前，南湖、月沼碧波涟涟、倒影婆娑。这幅作品具有较高的艺术价值和观赏性。据了解，目前国内运用传统工艺按一定比例微缩复制完整的世界文化遗产景观的仅此一例，因此，它得到专家及游客的普遍赞赏。

据统计，宏村目前仍比较完好地保存了137幢明清古建筑，洁白的墙壁和乌黑的屋瓦，虚实相映。宏村的街巷呈方格网状，住宅、祠堂以月沼为中心而建；而承志堂、乐贤堂等民宅和南湖书院等，无不透出古老的文化气息，凝聚宏村诱人的艺术魅力。用联合国教科文组织的评价则是：“皖南古村落的建筑及街道布局上体现了中国相当长的一段历史时期中社会、经济的发展情况。它们的街道布局、建筑和装饰、整体房屋及上下水系系统都是独一无二的。”

二

凡到过宏村的人都有这样的感受，在宏村众多民居建筑中，最突出、最典型的单体民居建筑当数承志堂了。

承志堂位于宏村上水圳中段，建于清咸丰五年（1855），是清末大盐商汪定贵的住宅。整栋建筑为木结构，内部砖、石、木雕装饰富丽堂皇，总占地面积约2100平方米，建筑面积3000余平方米，是一幢保存完整的大型民居建筑。全宅有9个天井，大小房间60间，136根木柱，大小门窗60个。全屋分内院、外院、前堂、后堂、东厢、西厢、书房厅、鱼塘厅、厨房、马厩等，还有搓麻将牌的“排山阁”、吸鸦片烟的“吞云轩”，另有保镖房，男、女佣人房。屋内有池塘、水井，用水不出屋。

前厅是整幢房子中最精华的部分，大门后面耸立着一幅威仪的中门。据说，汪定贵在经商发财之后曾捐了个“五品同知”的官衔，有了这个荣誉之后，汪定贵觉得自己已跳出了原属的商业阶层，于是便增设了一道具有官家威严的中门。中门又称仪门，原为官署而设，一般只有在重大喜庆日子或达官贵人光临时才大开以示欢迎，而普通客人只能从中门两侧的边门入内。仪门的两个侧门上方都别出心裁地雕了一个“商”字形图案，同时又酷似倒挂的元宝的形状，意为财源滚滚的意思。汪定贵虽然经商发了财，而且捐了官，但经商在古代仍是一种划分在九流之外的贱业，经济地位与社会地位的冲突，使得主人心里愤愤不平，于是想出此策，意思是说从边门出入的人，不管你从事何种职业，到我家来，都要从我“商人”的脚下过，此举或许是一种自欺欺人的心理罢了。但在中门的上方，主人是不敢打任何主意的，而是高挂一个“福”字，因为在他看来，为官的毕竟要比经商的地位高，这就是为什么众多徽商在发财之后，仍不惜花费重金捐官，或者鼓励子女与宗族后裔认真读书考科举的原因。

承志堂“百子闹元宵”木雕

在中门“福”字的上方，镶有一幅木雕“百子闹元宵”图。全图一百个人全是小男孩，有的划旱船，有的舞龙灯、凤灯和鱼灯等。旱船上载满了小孩，旱船下面还有几个轮子。敲锣的、打鼓的、放鞭炮的、吹喇叭的、踩高跷的，还有的幼童双手捂着耳朵，千姿百态，惟妙惟肖，一片喜气洋洋的景象，这既是元宵民俗的写照，也是古代“多子多福”传统观念的反映。“百子闹元宵”图两边的“商”字斗拱上则分别雕有四出《三国演义》的戏文，斗拱的上方雕有“南”“北”财神，“南”“北”财神的上方是阁楼护板，在此，汪定贵设计了“渔”“樵”“耕”“读”四根木雕立柱，分别代表了古代的四种职业。“渔”为一渔翁手持钓竿和鱼篓；“樵”

为一樵夫肩挑一担满满的柴草；“耕”是一农夫与一水牛，农夫骑在水牛背上；“读”是一书生手持折叠扇，一个书童随后服侍。画面丰富变化，人物景物相融一体。

东西边门呈古钱币图案，象征发财。东边上面图为“董卓进京”，下图为“三英战吕布”；西边上图为“战长沙”，下图为“战宛城”；横梁上雕刻的是“甘露寺”“长坂坡”“定军山”等京剧图案。

前厅中门平时不开。按照族规，大开中门，是有贵宾登门，或者是婚嫁、寿诞喜庆的日子迎接贵宾才打开的。

前厅横梁上雕有一幅“唐肃宗宴官”图，此幅木雕是在一整块的横梁上雕刻而成。据传说，古代建房是先架梁，后雕刻的，如果雕错一处，则会前功尽弃，可见古代的雕功是多么精细。木雕画面所展示的是唐肃宗宴请文武百官，大家在赴宴之前所进行的各种娱乐活动，琴、棋、书、画尽收其中，每组人物既相互独立，又互相照应，两边所有人物都微微向内倾斜，形成以唐肃宗为中心的画面。最右侧是一个侍仆在用扇子扇火，炉上有茶壶，茶烟袅袅；左侧有一个大臣靠坐着，歪着头，眯着眼，让一个侍仆在为他理发挖耳朵，生活气息浓厚，刻画也惟妙惟肖。整幅画面有30多人，每个人物仅有拇指大小，但各具神态。里里外外、前前后后共有七八层，层次分明，最后面人物的靴鞋都交代得清清楚楚。此图堪称徽州木雕中的精品之作。

在“宴官图”两边的额坊上，又雕有“元宝”与“金钩钓鱼”图。“鱼”者，为“余”的谐音，意思是“年年有余”。毕竟，在封建社会中，升官与发财是相互依存的。

承志堂前厅的拱棚上，还有国内罕见的“倒立双狮戏球”式木雕棚托，厅堂两侧卧室的厢房门上雕有“福”“禄”“寿”“喜”四星和各带一名道童的“八仙”，此处雕刻“八仙”是主人希望自己的后代在人生的道路上能够“八仙过海，各显神通”。

汪定贵富甲一方，从这些木雕的精美程度上不难看出来。难得的是，承志堂的木雕装饰并没有走向极端而伧俗，而是显得适度得体，无论是木雕技艺的娴熟程度，还是图案本身的文化内涵等，至今仍让人们津津乐道，这应该归功于儒商深厚的文化积淀。

承志堂整幢房屋共开了9间天井，天井在商人的眼中则是另一番意思。他们觉得天井就好似一个聚宝盆，天上下雨便是下金子，下雪则是下白花花的银子，寓意财源滚滚从天而降，而雨水从天井的四角流入地下，则为“四水归堂”“肥水不流他人田”之意，因此，承志堂前厅天井的四个角上分别写有“天锡纯嘏”四字，后厅锡枧上则分别铸有“百天受禄”。“天”在此指朝廷，也指君王，“锡”通“赐”，表明主人所得的一切均是君王所赐予的。“百天”是指朝朝代代，即世世代代恩承朝廷的庇荫，世世代代有子孙在朝廷做官受禄，永享富贵。

王岐山考察承志堂

前厅的上方放有八仙桌、八仙椅，所谓的八仙桌，实际上是一种用料精良的方形雕花木桌，而八仙桌则通常是椅背上雕出神话传说中八仙所使用的兵器，俗称“暗八仙”，在八仙桌的后方通常放有一红木条案，条案中间摆有自鸣钟，钟的两侧为帽筒，为人们休息安坐时摆放瓜皮小帽之用。帽筒的东边摆有古瓷瓶，右边摆着精致的木底座镜子，与“钟声瓶镜”谐意。此意喻为“终生平静”之意。这是主人希望自己无论是经商还是家人生活都能风平浪静、平平安安，体现了当时徽商对生存环境的一种渴望与寄托。

承志堂后厅的每根柱子的基石上都刻有一个“寿”字，顾名思义，后厅是主人侍奉父母、长辈的地方，也就是俗称的“高堂”，正是因为老人居住的场所，所以后厅的横梁木雕则采用了“郭子仪上寿”及“九世同堂”图。郭子仪为唐朝大将，是平定安史之乱的有功之臣，被肃宗皇帝封为汾阳王。传说肃宗皇帝将女儿升平公主许配给郭子仪的小儿子郭瑷为妻，郭子仪寿诞之日，七子八婿都上门拜寿，唯独郭瑷之妻倚仗自己是金枝玉叶的公主，强调君不拜臣而不行儿媳之礼，结果被恼怒的郭瑷所打，传下了《打金枝》这出脍炙人口的剧目。“九世同堂”即传说山东郓城县有一位名叫张公义的官员，其子孙世代为官，九世同堂，一时被传为佳话。在后厅雕刻这两幅木雕，主人的用意是为了教育子孙后人要孝敬长辈，希望自己能够子孙满堂，福寿绵绵。

前厅的木雕与石雕图案主旨是渔樵耕读、八仙过海各显神通，到社会上去闯荡一番事业；后厅的图案则主要是描摹高龄高寿，多子多福，多寿多禄，世代发达，其寓意十分深刻。

承志堂后厅出左侧门有一天井。对着侧门有一木雕挂落，雕刻的是串串葡萄，寓意硕果累累。天井两边便是当时的娱乐场所“排山阁”与“吞云轩”，排山阁是当时打麻将的场所，因为打麻将洗牌时“哗哗”的声音犹如排山倒海之势；室内有一暗室，是谨防万一之处。过去宗族家规森严，公子来此搓牌，他家父亲要来抓；老财主带小妾来玩牌，他家夫人要来抓。夫人来了，丫鬟即先来通报，小老婆就可以躲入暗室，避免矛盾激化。既然躲入暗室，来抓者也就故作不知，面子顾到了，也就顺水推舟算了。

吞云轩，顾名思义便是当时专供家人吸食鸦片的场所。藻井上描绘的是云雾，还有许多罂粟花。这是徽州一带清代鸦片室彩绘特有的标志。

由此可见，主人在经商发财之后追求享乐、穷奢极侈的生活。而追求奢侈的享乐，使得徽商在与西洋商人及商品的竞争中，一败涂地，这也许是徽商迅速走向衰亡的一个主要原因。特别是近代，随着科学技术的发展，徽商越来越多受到洋商的挑战和掣肘。1870 年，苏伊士运河正式通航，从欧洲到亚洲的航程缩短了四分之一。1871 年，上海和伦敦海底电线开通，这些都为欧洲商人了解中国市场、推销产品创造了条件。廉价的洋货甚至在徽商的故乡也取得了绝对的胜利，鹰牌煤油、祥茂牌肥皂、茶花牌火柴在徽州山村也都家喻户晓。奴颜婢膝的清政府给了外商诸多优惠，使中外商人的竞争建立在不平等的基础上，而这也许是徽商最为痛苦也最为无奈的事。也许因为这，他们当中的一部分人，只求陶醉在鸦片所创造的迷幻世界当中来打发剩余的日子。

吞云轩的左侧则是当时承志堂的后花园，里面亭台水榭、花草树木，无所不有，是一处陶冶性情的好场所。花园里有三间小屋，过去是“保镖房”，晚上四门紧闭，保镖在内值班，看家护院。新中国成立后，曾被划为政府用地，现整治正逐步恢复园林建筑。

承志堂还有一个特色，便是它的布局设计合理完善。进入院门，长方形的前院中，有专供停放轿子的轿廊，轿廊两侧则是保镖与男佣的住房。值得一提的是承志堂的外墙里侧，加添了一层木质墙板，既美观，宛如现代家居装饰中的木墙裙似的，又可防潮，还可以起到安全防盗的作用。因为一旦有人妄图行盗，深夜挖墙打洞，触及木板，便会发出响声，犹如警报器一样，居住在前院两廊的保镖和男仆就会做好擒贼的准备。

承志堂水榭

承志堂前院左侧为公子、小姐的家塾书房，右侧为设计独特的三角形空间鱼塘厅，为家人修身养性的场所。人们从“中国皖南古村落”申报世界文化遗产文本的“承志堂平面图”中，可以看出这一小榭是一处相当不规则的四边形，而且头上还有一个三角状态。在整个承志堂的建筑中，这属于建筑上的“边角料”。如何处理建筑上的“边角料”，对全世界的建筑学家来说，都是一个难题。非常难得的是，这一“边角料”却被设计建设成了整个承志堂建筑当中的一个亮点。水圳被引进并掘成一小方塘，塘里养有活鱼。活水涓流，鱼儿潇洒，使得本来有些封闭、古朴的老屋充满了灵气和飞动之感。塘沿设有美人靠，可以凭栏观鱼，多余数十平方米建成小客厅和小居室。方塘墙上设一石雕明窗，雕刻的是喜鹊登梅图案。四只喜鹊有飞的、睡的、叫的、跳的，姿态各异，又称“四喜登梅”图。当年贝聿铭望着一幅石雕，曾缓缓说道：这小水榭设计手法高明，鱼塘，小厅，美人靠，可以想象当年主人一定在此处沉思、下棋、闲坐，窗外水流，室内鱼戏，在这儿小坐一会儿想必一定是十分惬意的。这偏厅水榭位于前厅左侧，从此设计上确实不难看出主人的细微之处：不仅自己可以在这休息，就是有客人来访，主人如一时无暇顾及，客人便先可在偏厅暂时休息、饮茶，低头看看大鲤鱼，抬头看看喜鹊登梅的砖雕、枝叶间流进来金色的斜阳。如此惬意的角落曾经让东洋、西洋无数的建筑学家佩服。相传这小榭当时曾作为管家的起居之地，人们不觉感到奇怪，如此精美的环境，为什么不能作为弟子们读书修学之处？这大概与主人迫切希望自己的弟子专心读书，不希望他们因其他原因分心的心理有关吧。

水榭石窗

后人在谈及汪定贵如何发财时，总是说他为人如何勤谨，如何精于算计，却不知汪定贵在个人品格上也高人一筹，他那大肚能容，容天下难容之事的胸怀，实是一般凡夫俗子所难做到的。

汪定贵一生娶了三房妻妾，第一房、第二房两位夫人一直留在家乡，他在九江经商时，带着的是第三房夫人绮娟。这位名叫绮娟的女人，是九江一官宦人家的女孩，父亲、兄弟都是读书人，从小耳濡目染，长大后是满腹才学，诗词歌赋无一不精，更兼这绮娟天生丽质、面容姣好、体态婀娜，说是倾国倾城也一点不过分，只是由于官场倾轧，父兄被人陷害发配充军漠河，官府判决将绮娟卖入妓院，汪定贵花了巨资，才让官府改判，让绮娟嫁与汪定贵做妾。

这绮娟本是官宦人家的千金小姐，压根也不会想到此生会嫁给一个满身铜臭、没甚学问的商人做妾，好在汪定贵虽然财大气粗，对绮娟却相当尊重，因为双方年龄相差20余岁，汪定贵常常会对绮娟显示出一种父亲般的慈爱。汪定贵每天打理沿江各大商号的生意，闲来无事便跟绮娟学填词作诗、玩琴棋书画，日子过得十分舒坦。

汪定贵自从娶了绮娟后便很少回乡，一晃三年过去了，这年清明节，汪定贵想到应该回乡祭祭祖、扫扫墓，考虑到家乡还有一些生意场上的事需要料理，一些亲朋好友需要走动，来去估计要三个月时光，这么长时间不在九江，生意上的事，他可以不操心，各商号的主管都是他一手培植的亲信，各人独当一面，不会有大的差错，唯一放不下心的是夫人绮娟，这么长时间的分别，一定会让她感到寂寞，而如果把她带回乡，家里那大夫人、二夫人一定不会给她好脸色，自己夹在中间，将里外不是人。

对于如何安排绮娟，汪定贵确是煞费苦心，最后想到店里新来的小伙计万家春，此人虽为伙计，却是个饱学之士，平日处事得体，虽来店里时间不长，却颇得汪定贵的器重，认定此人必然不会久居人下，此番汪定贵回乡，就指定万家春暂时到后堂侍候绮娟夫人，绮娟夫人喜欢诗词歌赋，万家春满腹才学，定能派上用场。安排妥当后，汪定贵便放心地乘船直下长江。

汪定贵万万没想到的是，万家春与绮娟夫人虽是主仆名分，但他们二人却年龄相仿，这万家春与绮娟接触后，绮娟的才华容貌对万家春心灵产生了一种强烈的震撼，而绮娟也把万家春当成一个难觅的知音，一来二往，二人竟然不顾主仆的名分，偷偷相爱起来，他们的不轨行为被后堂一个打杂的小伙计看在眼里。这位小伙计是汪定贵从家乡带出来的，可以说对汪定贵是忠贞不贰，他虽然没读过什么书，但他注意到每次万家春和绮娟夫人交换诗稿时，总是眉目传情，而且万家春在看绮娟夫人的诗稿时总是久久把玩，不肯放下。同时他还注意到万家春总是把诗稿看完后小心翼翼地塞在枕头芯里。

三个月过去了，汪定贵回到九江，小伙计从万家春的枕芯里偷出那些诗稿，赶到码头交给汪定贵，并向他汇报他所看到的一切。汪定贵听了，脸是红一阵、白一阵。

这天夜里，汪定贵推说沿途劳累，独自睡在书房中，小伙计一直在旁边侍候他，汪定贵是翻来覆去，彻夜难眠，天将亮时，他叫醒坐在一旁打盹的小伙计深情地说："感谢你对我的忠心，我想，你一直在这里打杂，也不知何年何月才能熬出头，我现在给你三百两银子，你即刻离开九江，到外地自己去独立做些小买卖，日后也许还有发达的机会，记住，不要和任何人打招呼。”

小伙计接过银子，千恩万谢悄然地走了。第二天，汪定贵一如既往地巡视各家商号，了解经营情况，三天后，汪定贵满面春风地宴请了总店所有的伙计与管事，而且对万家春表示特别的感谢，席间他让人去找那个小伙计，来人说已经三天没见到他人影了，汪定贵立即严肃地指示管事的经理，像这样无故旷工的，要立即除名。接着对经营上的事作了分析和安排，最后，他提出万家春满腹才学，体现了家乡那种先儒后贾的理念，决定让万家春到本城另一家大商号担任要职，席间，众人纷纷向万家春表示祝贺，万家春硬是心里一愣一愣的。在此之前，他发现藏在枕芯里的诗稿不翼而飞，告之绮娟夫人后，两人整天是提心吊胆，简直是惶惶不可终日，而现在汪定贵竟然安排他担此重任，他心里是既惭愧，又感激。这天晚上汪定贵回到后堂，似乎什么事情都不曾发生过，和绮娟夫人恩爱如初。

汪定贵处理这件外人感到非常头痛的事竟是如此干净利落，让人真是不能不服，试想如果事情捅开了，最难堪的仍是汪定贵，他会因为家丑而影响自己在商界的形象和名誉，而如今小伙计得了钱远走高飞，估计不会将这件事抖搂出去，即便是抖搂出去，这里已因他无故旷工而除名，外人会评说他是对主人不满而故意造此谣言。而万家春被提拔重用调往别的商号，断绝了与绮娟接触的机会，外人也根本不会相信，他因与老板娘有私情，反而受到老板重用。

汪定贵与绮娟恩恩爱爱生活了好多年，绮娟为汪定贵养了两个儿子、一个女儿，后来是个个成才。

再说万家春后来弃商从政，做了当时九江督军陈雷的高参，陈雷对其是言听计从，这位督军便成了汪定贵在九江官场的靠山。汪定贵去世后，万家春请陈雷给汪定贵写悼词，并亲拟“哲者其萎”四字，把汪定贵说成是才能见识超越寻常的人。而后人则评说汪定贵是量大福大。

出了小榭绕道往西进入承志堂的西厢房，内有古井一口，还有憩厅和柴房。再过一门进入厨房。厨房宽阔，可同时摆下三四张大圆桌。厨房外有马厩。整幢大院不走雨路可四通八达。据说当时建造时花了白银 60 万两，其中木雕上面镏金就用了黄金 100 两，全屋所有木雕由 20 个工匠雕刻 4 年。

承志堂气势恢宏，不同凡响，堪称建筑中的佳作，尤其是其中的木雕，大多层次繁复、人物众多，并且木雕表面均涂有金粉，使其看上去富丽堂皇，连来自故宫博物院的专家也不免为之击节赞叹，称这些木雕瑰宝，在集中了中国古代建筑精华的故宫也看不到。这不是说帝王的权力、财力不及汪定贵，而是因为历代皇帝认为自己是至高无上的，他们的头顶上绝不允许出现别人的形象，因此，故宫的木雕非龙即凤，远没有承志堂木雕这般具有生活气息及文化气息。所以，宏村承志堂也被专家们誉为“民间故宫”。

承志堂精美木雕

石雕、木雕和砖雕这“三雕”装饰艺术产生和发展的原因，一方面是徽商拥有雄厚的财富，却因封建社会等级制度的限制，不能将财力花费在宅居的外部装饰上；另一方面则是因为宏村村民文化底蕴深厚，因为徽州人文荟萃，繁荣的文化培育了大批能工巧匠。

从承志堂中不难看出，“三雕”的内容可根据主人的文化品位和不同追求而迥异。每一画面都蕴含着丰富的文化内涵，“三雕”作品因材施艺，又出自不同工匠之手，故艺术风格上展现出百花齐放的情状。而保留到现在的完好的宏村，则成为社会各界有识之士及广大游客钟爱和赏识之处，更是他们前来旅游观光、绘画摄影、拍摄影视剧的一方宝地，也是誉名中外的世界文化遗产地。

三

和皖南普通的村子不一样，宏村传统徽派民居除了一般的“三间屋”和“四合屋”，以及由此发展演变成的靠背三间、毗邻四合等构造之外，在单体民居的设计布局建造上还有两大特色：一种是如同碧园、德义堂等水榭庭院别具一格，另一种是像乐贤堂、三立堂和一府六苑等气势恢宏的大型建筑。

从明代中期开始，江南私人造园之风越刮越烈，至清犹然。这对徽州产生一定影响自然不可避免，如徽州区唐模村的“小西湖”便是一处代表性的园林遗址。但是无论是数量还是建筑规模，徽州园林都不可能望绍兴或是苏州园林的项背。在举目便是青山绿水的村庄中煞费苦心地挖池垒坝，造假山假水也不免显得多此一举。园林的妙处原是“在城如在野”，故又称城市山林。徽州村落园林庭院，基本上都是借山麓或水边的自然景色略加整治，布置树石，建筑也比较少，显得朴拙、实用而自然。在这方面，宏村便是最好的代表。

宏村中最叫绝，也是最有特色的水榭庭院式建筑应该是碧园。

据报道，曾有个叫“蜂窝煤”的网页，2004 年春发表网民到宏村旅游所拍摄的有关碧园的 7 幅照片。没有出一星期，便陆续有不少人在上面发表评论，有的说：“OK！怎么我去宏村的时候，都没有听说过?”有的惭愧说：“读书的时候去宏村两次，一次是 18 岁，一次是 21 岁。但看了你的游记，我认为我白去了。”有的直接说：“就这么点儿？看得不过瘾。”话儿虽然简单明了，却也代表了游客直观真切的感受。

碧园位于宏村牛肠水圳的源头，始建于道光年间，距今已有 300 多年的历史。在江南水乡，临溪傍水的民居有之，如唐模、屏山等村子就是很好的代表；灵巧庭院式的民居更多，远的如苏州园林，近的如西递的西园。但宛如碧园这般水榭结构的庭院的则不多见。

据碧园主人介绍，碧园的水榭是现在中国仅存的三个水榭之一，另外两个分别在中南海和西安。也许有人认为在水上建个台子就是水榭，其实不然。建造水榭民居要有几大要素：其一，必须先挖塘后建房，房屋在水面上；其二，榭必须正对堂，和厅连为一体，而不是在厅外随便搭个棚；其三，水里有旱、涝水标，一般以标件石头为准，水涝时不会漫过涝标，旱时不会低于旱标；其四，水塘必须和活水相连。碧园水塘的精妙之处在于进水的水流和出水的水流及屋旁的水渠呈等边三角，使得杂质都能被水流冲走，水塘里不会有漂浮物。碧园的水塘和水榭呈外圆内方形，取聚宝生财的意思。徽派民居几乎所有的房子都是坐北朝南，而碧园是坐东朝西，据说是因为当年的主人信佛。皖南古民居建筑的一个突出特点就是高低错落的马头墙，层层叠叠，俗称“五岳朝天”。但碧园的墙呈乌纱帽形状，不知它的主人当初为什么这么特立独行，也许它独特的设计表现出主人爱山乐水的情趣。

由于整个房屋建在了水面之上，所以即便是在夏天最热的时候，室内却清凉如秋。水塘和亭榭的设计外圆内方，就像中国古代的钱币，显示出主人经商企盼发财的美好愿望，以及当地商人为人处世有圆有方的原则。相传碧园主人，因祖上行医而别具风雅，房屋庭院的设计也就别具一格。碧园虽小却精致，房屋西侧临水，波碧有鱼，鱼戏花影，影壁圆窗，门侧隐然可见绿竹。这园的正堂唤作燕诒堂，木扇门窗雕花也极是简洁。那堂前有一水榭，里设美人靠，可凭栏垂钓，也可悠然饮茶。其趣其乐，自是调整心态后传统文人理想的隐居生活。近年房子易主，新主人不仅将燕诒堂重新改造，而且在园子的背面新建了一幢清香阁，其中有可以俯瞰全村的鹤寿亭，铺设了休心养性的花果园，新老建筑互为补充，厅阁花园水榭集为一体，莫不令人赏心悦目、心旷神怡。

庭院水榭

碧园正厅燕诒堂挂有一块牌匾，上书“圣人孩之”四个镏金楷书大字。典出自《老子》四十九章。老子说：“圣人无常心，以百姓心为心。善者吾善之，不善者吾亦善之，德善。信者吾信之，不信者吾亦信之，德信。圣人在天下，歙歙焉。为天下，浑浑焉。百姓皆注其耳目，圣人皆孩之。”其意思是：掌握了自然发展规律的得道圣人，做事总是顺其自然，永远没有自己个人的私心和欲望，总是把天下百姓的愿望当作自己的愿望。对于善良的人们用善意对待他们，对于不善良的人们也用善意对待他们，用人类自身的最高的品德属性来规劝他们。对于诚实的人们用诚恳来对待他们，对于不诚实的人们也用诚恳来对待他们，用人类自身的最高坦诚和忠实的属性来规劝他们。得道的圣人在天地之间、与天下老百姓和睦融洽相处，心中装的全是老百姓的事情。老百姓的一切事情都输入圣人耳目之内，圣人像关怀婴儿一样关怀爱护他们。

圣人孩之匾额

厅堂内悬挂不少传统楹联与装裱的书法作品：“万石家风惟存厚，百年事业在读书”“欲高门第需为善，要好儿孙必读书”……也许正是文士情结的熏陶和徽商经济的富足，才使得宏村水榭庭院式民居的布局和规划格外讲究，非同一般。

德义堂是典型园中水、水中园的徽派庭院式民居，建于清嘉庆二十年（1815），系二楼三开间建筑，厅堂前有 16 扇半幢莲花门，室内外通道。它坐落在水圳大道边，大门并不显眼，普通的木雕莲花门，突出的是大理石门楣石刻，还是为了发展旅游新修的。黄山著名书法家黄澍先生的题词“德义堂”三个魏碑风格的大字非常显眼。

堂前庭院，凿一景窗，开一鱼池，水塘有暗沟与水圳相通，水塘周围，设四时盆景，院内繁花疏木、绿荫丛丛，可称“露天花厅”。不难看出栖居者的生活情思和审美情趣，表现出其对理想生活环境的一种人代天工的追求。

民居中的园林，因受建筑空间的限制，往往较小，但聪明的古人却设计出漏窗分隔法，使狭小的庭院分多个层次，不让人一览无余，同时在园中配上生动的题额，使庭院充溢着文化气息。

江南民居中的园林，从风格上可分为两种：一是商人追求的楼台亭榭，画梁雕栋，尽显富贵气派；二是官宦文人追求的环境的优雅、情调的创造。德义堂庭院园林无疑应该归属后者，文化氛围与风光特色更加突出。

德义堂门楣

德义堂正厅坐南朝北，为二楼三间结构。该堂正屋东西两边分设有一明一暗两个花园，两个花园隔墙处有圆形漏窗，不但具有借景作用，而且极富装饰之美。墙上攀着一株皖南猕猴桃藤，生机勃勃，满园都染上透绿的青春色彩。院东西两个花园，一明一隐，内植果木繁花，四时花卉各异，其景也不同也。堂前庭院称水园，水园有与水圳相通的方塘、鱼缸、水榭。园中水，水中园。游鱼尾尾，粉墙青瓦，但给人们感受到的却是步移景异、美不胜收，是徽派私家园林的典型代表。水榭内有桌椅，可在此招待宾客。而人们更愿意把它联想成为文人墨客、大家闺秀等聚集此地饮酒、品茶、以诗会友的佳地。水榭依塘为美人靠栏杆椅，游客中不仅女士们喜欢在椅上靠一靠，做一回古代美人梦，就连现在的“QQ”一族也忍不住靠了上去，不知是稍作休息，还是想置身其中体验一下古人的悠闲雅致。池塘边还放有鱼缸、石儿及花盆等，整个院落景物若隐若现。站在园中，游客可以自如放飞自己的想象力，细细品味一下园中的春、夏、秋、冬的景色，岂不是一件很美的事情。宋代诗人杨万里曾有《芭蕉雨》诗：“芭蕉得雨便欣然，终夜作声清更妍。细声巧学蝇触纸，大声锵若山落泉。三点五点俱可听，万籁不生秋夕静。”雨打芭蕉，听之莫不让人心宁神静？

水榭依塘栏杆椅

美人靠是建筑构件的一种，频繁出现在徽派建筑中，多设于绣楼上、池渊边。古代的女子在此闲倚阑干，或临波顾影，或凭栏思亲，或对月无语，或偷窥楼下过往的青年才俊……然而，这个美丽的名字渐渐演化为孤清寂寞的代名词。遥想当年徽商叱咤四方，他们的妻室却独守老家的深宅大院，孤坐池边看鸳鸯戏水、鲤鱼成双，也有当今人们这份闲暇的心情吗？特别是月夜，夜色中的池水与白日波光潋滟的模样绝然不同。清冷的月儿将池中的水和水榭庭院都濡染得有些清冷。一尾鱼儿，打碎了水和夜的静默，哗哗的水声回荡在池塘水榭的上空。想来，是这一面水塘映照了数百年前的那一轮月，还是那一轮月照着数百年来的这一池塘水？

宏村人的造园意识，不仅表现在如碧园与德义堂这样面积较大的庭院水榭上，还表现在像承志堂水榭一样哪怕仅有十多平方米大小的边角地带。

就在德义堂上首有一座叫树人堂的民居，它系清刺授奉政大夫诰赠朝仪大夫汪星聚在同治元年（1862）所建。整座民居坐北朝南，全屋宅基呈六边形，取六合大顺之意。树人堂为“百业须精，儿孙当教”之意，寓意深远。

树人堂

树人堂厅堂东侧有一个不大的院子。利用有限空地，在一角建有一口小小的方塘，活水长流，靠墙有精致的石阶下去，供玩赏鱼虾之用。塘沿用鹅卵石砌成，上面置长条石摆设花卉盆景，对着大门一面的视线内设置有镂空花窗，开阔了视野，使小小院落不显得急促、狭隘。水塘的南首建有鉴圆小玻璃房，门楣有彩绘。它们与正屋的门罩、花坛相辉映，变化而又丰富。更让人叫绝的是这庭院建立在一块极其不规整的三角形的地带上，为了视觉与构建上的变化与方便，正对厅堂门口一角砌了平面墙并镶嵌了漏窗，另一角砌了一个圆形门洞并加上彩绘门楣。这样，整个水园虽然仅有五六个平方米大小，但其中的布局可以说把徽州人的精明与深厚的文化底蕴发挥到了极致。

如果说德义堂以一步一景见长，碧园以雅致而有丰富的文化品位突出，那么月塘畔的敬修堂，则是以借景的成功利用而别具特色。

敬修堂坐落在宏村月塘北侧、乐叙堂西首，坐北朝南，建于清道光年间，正厅前后序进二单元、三间二楼结构。东侧为偏厅和廊式厨房。堂前巧妙设置两套庭院，内院呈规整长方形，有一间教室大小，地面青石铺展考究，镶砌有大小五个花坛和一个鱼池，鱼池正对厅堂正门，有半人高，用整块整块的“黟县青”大理石砌成，分成东西两个方池，中间由圆形石板凿成的通道相连。花坛分别植有桂花、菊花、茶花和腊梅花等名贵花木，特别是两株与房宅同龄的“百年牡丹”驻芳藏艳其间，差不多一年四季都有花儿盛开，真正照应了“墙内开花墙外香”的意境。古人有诗云：“浅深红白宜相间，先后仍须次第栽；我欲四时携酒去，莫教一日不花开。”每日有花，真近于理想者；四时不同之景，欣赏游观，怡情育物，多有赖于树木花卉，并没有夸张。徜徉敬修堂的院落，品茗敲棋，会友聊天，真使人尘嚣尽滤、神清气爽。敬修堂充分显示了古典民居的神奇魅力。

古诗有云：“墙里秋千墙外道，墙外行人，墙里佳人笑。”德义堂则是墙外游客如云，墙内美景如画，内院与月塘外境一墙之隔，于热闹中营造了庭宅静谧祥和的环境氛围，是居人怡情悦性的另一空间。外院融入外界，是冬日夏晚人们喜欢聚合之处，也是小憩观赏风景民俗的好地方。月塘里白日阳光荡漾，夜里月波碎金。浣女巧妇棒槌声声，打趣说笑的吴俗软语声声，加上红鸭白鹅的鸣叫声声，优美景致，桃源般境界，无不在这里尽收眼底，沁人心脾。

相传宏村古有“月沼风荷”的景观，如今月塘畔的民俗景色更让人着迷。色能美目，声能悦耳，美目得使人留恋，悦耳得更让人忘情。“因借无由，触情俱是”，敬修堂院内的视觉借景与院外的声觉借景无不让游人触景生情，凭人选取。

四

在宏村，古民居当中有一类十分宽宏的建筑，这在一般的村子当中也是不常见的。

“一府六县”原本是徽州古代的一种行政建制。宋代宣和年间，改歙州为徽州，领歙县、休宁县、黟县、绩溪县、婺源县和祁门县六县，直至近代，婺源县划归江西省。后演变成一种徽派古建中的建筑形式，也称

"一府六苑"。即在一组建筑中，除设一个府厅外，还另外设六个县厅。所谓府厅，就是正厅，厅堂无楼，是迎宾开宴、隆重举事的场所。所谓县厅，是家属日常起居的地方，厅上有房有楼。无论府厅和县厅，都配有天井通风采光，檐水采用徽州通常做法，向中间汇集，称作四水归堂，象征财通四方，福目天申。这种"一府六苑"的建筑，是研究徽派建筑、历史风俗不可多得的范本，遗憾的是目前在黄山已不多见。

宏村南湖书院右首，就还保存着一幢"一府六苑"民居建筑，当地也称新屋，建于清朝同治年间，占地近千平方米。新屋的大门相当气派，八字门楼，进去是个轿厅，两边有厢房，供佣人起居。然后是一个院子，院子两边有过道，有花坛，植有天竺、翠竹等。花坛外向是一人高的女墙，嵌有精致的漏窗。透过漏窗形成院中园、景外景的美学效果。府厅有门罩，砖雕精美，文雅平和，象征书香门第的温良品性，而高大的花岗岩石门坊，则又显示出官宦之家的威严。跨过大门石阶，便进入正厅。正厅坐北朝南，有宽阔的天井，面对南湖，高大的梁架下镶以轩顶，开间宏大，气势昂扬，光亮十分，摆上十桌没有问题。后向即为内厅，闺房、绣楼的静谧与前厅的壮观肃穆恰成鲜明对比。穿过走廊，即为东西花厅，一色工整的三间两厢之作。楼上楼下，前厅后厅，紧紧相连，重梁叠檐，宽敞富丽，明亮中透出欢乐的气氛，使居住者的精神得到调节、熏陶，在升华中得到享受，真是至上的艺术。遗憾的是，除了正厅和一些内厅之外，这"一府六苑"不少已经拆毁。与村中其他宽宏的大屋相比，村民称其为"三间半大屋"中的"半间大屋"。另外三间大屋便是三立堂、乐贤堂和宝贻堂。

巧合的是，三立堂、乐贤堂和宝贻堂，这三间大屋都同时修建于清朝康熙年间，格式相仿，布局相似。其中宝贻堂毁于 20 世纪 50 年代，另外两座至今保存完好，而且筹资千余万元的国保修复工程已经全面启动。根据"修旧如旧"的原则，宏村三立堂、乐贤堂等 18 幢明清文物古建筑的维修，已被国家文物局列入国家重点文物保护专项补助项目。

三立堂始建于清朝康熙三十五年（1696），占地面积 600 平方米，建筑面积 1740 平方米，前后五间三楼结构，地处茶行弄东侧，1998 年被定为省重点文物保护单位，系宏村汪氏五房后裔所建，清末住有叔伯汪善坤、汪善明和汪善梓三大家。老大、老二都在杭州、余杭等地行商。老三汪善梓曾任安徽盐政副使、徽州盐运史等职。

三立堂前为院落，中轴主进三间，一进原来有东西厢房，第二、第三进延续明式建筑特点，规格与样式为三楼五开间。徽州古民居的建筑结构，明朝跟清朝各有特点：明朝一般是五间式的，厅堂两侧有连珠房，还有梭形月梁、丁头拱、梭形柱，装饰古朴；清朝一般是三间或四合式的，稍大的二进或三进，前后序列，房侧设有偏房、跨院。

三立堂崇尚“三立”之意。“三立”即立德、立功、立言。《左传·襄公二十四年》：“大上有立德，其次有立功，其次有立言，虽久不废，此之谓不朽。”意思是圣贤仁哲忠臣孝子，都应该树立圣人之德，创建功勋并创立自家学说，才能青史留名，令人敬佩。

三立堂第一进大厅系清代乾隆年间续造，天井两侧女墙上原来镶嵌有两幅浮雕石雕图。一幅为“雨打芭蕉双松图”，一幅为“腊梅送香翠竹图”，都有一块小黑板大小，呈团扇书卷状。左边是花卉竹木的深浮雕图案，右边则是行书书法，颇有古魏碑的风格。诗情画意共融，梅竹松石栩栩如生。落款各有两枚图章，可惜因为时间久远，不易辨认。图案仿乾隆年间著名书画家陶学椿画样，石雕艺人进行了再创作。书画结合的石雕门楣，主人的文化底蕴之深与欣赏品位之高可见一斑。

因为地窄人多等诸多因素的限制，正如嘉庆版《黟县志·风俗》所说，“居室地不能敞，惟寝与楼耳”。所以说，在宏村，有如此之开阔的民居，对于研究徽派民居的发展演变有相当重要的价值。

乐贤堂坐落在宏村正街，村民俗称其“大屋”，是一座布局规整又灵活多变的大幢民居建筑。

乐贤堂建于清朝康熙三十八年（1699），占地面积411平方米，建筑面积958平方米，结构仿造三立堂样式所建。“乐贤”之“乐”取“康宁之乐”，“贤”指“有德行、能善终、有贤能”的意思。徽州是礼仪之邦，乐贤堂蓄意弘扬祖德、敦睦宗亲、追忆根本，企望族人和睦相处，富贵康宁。

乐贤堂系宏村汪氏四房后裔所建。清朝嘉庆年间乐贤堂出了两个大徽商：汪授甲，字龙门，附贡生；汪家驹，字千里，两人才能超常。每当遇上善举好事，两人常常通力合作，劳瘁不辞。汪云卿手写本《吾族先贤大略》有记，说他俩“造以文家塾二人之力居多”。

从乐贤堂外观看，高墙围垣，马头墙昂首云空。整幢建筑左右对称，威严厚重。进入大门首先是一间抱门厅，中间有一仪门，平时从仪门进入首进大厅。从首进大厅往北，一连有三进厅堂、一进后院。一至三进大厅均以长方形天井为合院前后序列。首进厅堂坐北朝南，中间有中门，上竖“乐贤堂”堂匾，系浙江钱塘书法家王森书写。二进反而为坐南朝北，五开间三楼结构。中门隔开了前后空间视线，平时从中门两侧边门入二进厅堂。三进又为坐北朝南。第四进为后院。各厅堂厢房设置并不相同，首进两旁厢房由北往南一字排开，二进厢房为连珠房式样，向东西侧延伸；三进厅堂两侧设厢房。厅堂高敞宽广，粗梁伟柱，内壁为芦草和泥灰浆镶嵌，雀替、平盘斗、窗棂都为明式风格。

首进厅堂天井隔间矮墙上，东西对称各镶嵌有两块方圆大理石透雕漏窗，意为有规矩能成方圆。雕刻艺人巧妙地利用“黟县青”石特有的星晕纹理，采用传统的雕琢手法，在圆形透窗里雕刻梅花迎春图，在长形透窗里雕琢出双龙戏珠图，因材施艺，图案粗放别致。

乐贤堂天井空间高敞，下有石板铺设，大门面对天井合院，空气流通，排水便捷，采光性能强。特别是仪门、中门的设置，似乎隔开了抱门厅与第一、二进厅堂的空间视线，使之成为各自相对独立的空间单元。但是如果逢遇家族宗法礼庆大典，仪门、中门一并大开，前厅后堂顿时成为一连幢厅堂，摆上数十桌宴席还是绰绰有余。这一抑一开，使人们心理上有无限的充实感，不但气势嵯峨，还有一种庄严、肃穆的建筑艺术效果，其排场可想而知。

宏伟的建筑，精美的设计，深厚的底蕴，使得乐贤堂不仅养育了徽商巨贾，而且培养了一代传奇的革命志士，也给后人留下许多神奇的传说。

其中，最有传奇色彩的当数汪镇华，这并不仅仅是因为他参加胶东战役、淮海战役和渡江战役并立下赫赫战功；也不仅仅是因为他曾经担任华东海军舰队副支队长、华东海军司令部参谋长等要职；而是因为他在“皖南事变”中被俘，关押在上饶集中营茅家岭监狱，在狱中坚持斗争，并于1942年春组织暴动，除了两人因为负伤被敌人追上杀害，他成功率领20多个难友突围，创造越狱暴动历史上的奇迹。

汪镇华

流连在乐贤堂中，游客不仅为其宽宏高大而叫好，也许更多地陶醉在神秘文化的传说中而愈加迷恋。一部乐贤堂的历史，不仅是徽派建筑史的杰出代表，代表了明末清初黟县大幢民居的特色，而且还是中国近代史与宏村历史长河里一朵炫彩夺目的浪花。

五

民居、祠堂和牌坊被誉为徽派建筑“三绝”。如今人们赴宏村考察，为承志堂的精美而赞叹，为村中美妙绝伦的水系而叫好的同时，往往也因为没有见到同是世界文化遗产的西递牌坊与祠堂而不免存丝丝遗憾。

其实，古代宏村也有高大精美的牌坊，在月塘乐叙堂就不难体味到这一点。

乐叙堂又称众家厅，建于明朝永乐年间，为宏村汪氏总祠，取“秩叙敦伦，永履和乐”的含义。说起乐叙堂的建设，汪氏家族至今流传“肉身填穴”的故事：

当年，休宁万安著名地师何可达，受宏村汪氏之聘与其徒弟吴守仁、吴昌颐一道来到宏村共谋永乐大举，引水入村，就提到了来龙地穴之事。日后还曾再来宏村，目的是监建乐叙堂。

这一天早上，何可达在众人陪同下，从雷岗山西侧水口坞上山，沿来龙脊登上葫芦尖顶，看来龙穴一片，总觉得西高东低，然而下到大拜坛一看，更觉明显，来龙穴地域建家祠是最理想的，但必须先找到穴位。经仔细勘察，何可达看到山下中段有一块荒地，面积不少，是族人种南瓜藤的，只见到这块地两头土地肥厚，反而长势不旺，倒是中间，土地贫瘠，反倒长势茂盛，却见不到一虫一蝶，仔细一瞧，地面稍洼，足有一丈见方，土壤非常干燥。何可达认定，这里就是来龙穴的穴位，往东数丈是四七公坟墓，也是肉尸安葬所，称墩上，并非穴位。晚上将情况告之胡重娘妪人说：“家庭择基以穴位直线至月沼边，穴一定在祠外，必须选择其中辈高望重的老者，自原以肉身填穴，先填后悬堂额。”择基结束，何地师返回。

汪氏族人明白，按何地师之言填穴助龙腾，族衍才能昌炽。

也就在这个时候，族人汪德裕，字仲先，与辛公辈分相同，只是年岁较大，共七十四世祖玄卿公弟之后人，今年已经八十有八，年前得病，百治不愈，他听到这个消息，叫家中告诉重娘说：“我是一族之子孙，虽已年老多病，族上出不上力，我逝后，愿以肉身填穴，以使汪氏子孙繁衍。”并将此事对子孙讲清楚。

秋后德裕公果然去世，族中不免大做一番文章，组织香烛、开穴。掘土不到三尺便露出红色，接着黄、蓝、白、黑五色土层，族人戴孝帽、穿白衣，立在穴四周，四周均摆满了各房祭桌。随着一阵鞭炮和喇叭声，他的大儿子背着德裕公肉身，朝大穴走来，穴底用麻纸垫平，头底处垫两块黑瓦，脸朝上，盖着麻纸，上面有青布大伞遮阳，遮盖布换成遮羞纸，然后由族人按辈分高低依次铲五色土掩埋尸体，焚祭已毕，建坟墓。

半月以后，坟墓周围已是青草茵茵，第二年春天，汪德裕二子、三子分别选中举人。这时乐叙堂已开工兴建。第二年，思济公返归故里，亲自监工并题书匾额“乐叙堂”。

宏村镇卢村木雕楼（1）

乐叙堂建设不同凡响，祠堂大门为四柱三间五楼贴墙牌坊，用“黟县青”大理石和水磨砖混合建成，装饰精美，巍巍大观。最上面中间，用砖砌成匾额，中书“恩荣”。大门外框上方，用水磨青砖砌成的向外凸出的线脚装饰，顶上附以瓦檐。檐口上方复瓦，四角上翘，并饰有砖雕鳌鱼吻。其鳌鱼吻长须镌刻得弯曲上扬，既美观又兼作避雷之用。檐角挂有铜铃。门楼西向上凸起部分，高出墙体尺半许，而后再从檐口向内用青砖减起线三道，下面饰雕花边，以此下延再递减，安装额枋、方框、元宝、横坊、匾额等，直至和墙面平并临近在大门门坊上尺许。上面每层均有砖雕图案，其中最精彩部位，即是两三层额坊，尤其是通景额坊，还有四至十二只元宝，三间均有对称的方框，还有雀替、悬柱头、榫饰、屋脊屋翎饰。

这些飞禽走兽、双龙盘珠图案，虽然绝大部分已经被敲毁，但正像建筑设计大师贝聿铭所说的，“这牌坊虽然被破坏了，仍然可以看到当年非凡的雕饰手法。这样的建筑艺术，文化底蕴很浓郁”。

同样精美的贴墙牌坊与恢宏的祠堂，在月塘东侧汪氏四房厅、务本堂也同样能够欣赏得到。整个祠堂占地面积 784 平方米，主建筑 512 平方米，有 72 根柱子落地，从门厅、大厅、享堂形成三个起伏高峰，庄严肃穆。

务本堂为三重檐贴墙牌坊，檐角飞翘，气势恢宏，砖雕图案十分精细。

宏村镇卢村木雕楼（2）

宏村镇卢村木雕楼（3）

六

特别应该指出的是，皖南古村落的民居，外形白墙黑瓦，朴实无华，给人一种空灵美，但屋内装饰、陈设却极尽细腻、华丽。砖雕、石雕、木雕等细部建筑，展示了中国传统雕刻艺术的精美；楹联、题额则营造出浓郁的文化氛围，反映了中国传统文化的博大精深，加上客厅、卧室、书房、花园、回廊、厨房等生活设施的设置，使民居内部的内容非常充实。但是，在宏村，有不少民居的大门却设计得相当朴实、简单，这恐怕也是与一般村子不一样的地方。

像村子正中大街上的乐贤堂，大门简单，甚至有些简陋，只有一个朴素的花岗岩石库门坊，连门楼都没有。进去以后的抱门厅也不会超过十平方米，显得有些狭隘、挤促。一般的人们无论如何不会想象到二进进去以后如此宽宏气魄。

另外还有像德义堂、碧园等，道路上的正门都十分简单，里面才藏龙卧虎，与气势恢宏的厅堂、宽敞亮丽的庭院形成鲜明的对比。

这种外部虚、内部实，外部静、内部动，外部朴素、内部华丽的特点，充分体现了儒商文化正反统一的内涵，显示宏村村民不事声张与“家富不外露”的性格，而这恰恰是他们文化底蕴与深邃的性格的体现。

树人堂的院落大门的角度非常科学，既不一览无余，又能够观赏到里面的层次、角度的变化，是表现徽派建筑特色的摄影最佳景点之一。同样有如承志堂的院落与大门角度的安排也体现了这一原则。院子大门与房子的正门之间都有一个角度变化。曾有游客好奇地询问，承志堂的第二进大门为什么偏右，与厅堂的大门为什么不在一条直线上。实际上这正是主人关于大门科学设计的奥妙所在。这种“隔景”的手法，在中国园林中屡见应用。例如《红楼梦》中贾政便对大观园门口的翠嶂大加称赏：“非此一山，一进来园中所有之景悉入目中，则有何趣?”

正因为宏村所处青山绿水的秀美风光，所具有的牛形村落布局的神秘文化，特别是纷繁多彩的建筑类型与特色，目前宏村已经成为全国各地大中专院校艺术专业摄影、写生的实习基地。一年的各个季节，前来创作的师生络绎不绝。宏村传统特色建筑典型作品的倩影也越来越多地出现在海内外报纸杂志中，反过来又吸引越来越多游客的视线与关注。

宏村正走向全国，走向全世界！

世界文化遗产地宏村：博大精深徽文化底蕴的蓝本

一

曾有人说过，如果没有宏村的出现，古徽州就如音乐中缺少一个极致音符的乐章，盛宴中缺乏最诱人的一道佳肴般有些缺憾。

水乡古镇宏村，青山绿水，头上是碧蓝的天空，眼前有马头墙层层叠叠的徽派建筑，脚下淌着九曲十八弯的渠水。漫步宏村，无不感到人在山水画中行，自己也仿佛变成了其中一处美丽的风景。

汪大燮祖居

这种美在于它悠久历史厚重感和渊博文化底蕴。它的形式是千百年来在人们的生活中逐步形成的，它的背后映射着厚重的历史沧桑感。每一块石头，每一块砖，每一句民谣，每一种风俗习惯，还有斑驳的墙、深灰的瓦结构成的每一处名胜，再有沧桑的古木，与青山绿水构成的每一处风光，都是经受了千百年的积累与提升的，都记载了无数几乎要被历史遗忘的故事，都还在向人们讲述着数百年前人们的真实生活。

这种千百年来所凝聚成的悠久而神秘的徽州文化，孕育并熏陶了一代又一代的村民和一个又一个的人杰。

在月塘前面的街道上，有一座并不十分起眼的民居：振绮堂。它就是五四运动时赫赫有名的汪大燮的故居。这个自小在宏村启蒙拖着一条小辫的孩童，从南湖书院开始踏上科举之路，一直走到杭州的万松书院，终于在光绪十五年（1889）中举，援例为内阁中书、升侍读、户部郎中，后又考上总理各国事务衙门章京，以明敏谨慎著称。民国初年，他先后担任过内阁教育总长、平政院长、参政院副院长、交通总长、外交总长、外交委员会委员长、财政总长、国务总理等职。在汪大燮担任外交总长期间，正值第一次世界大战爆发，欧美各国对德宣战，敦促我国参加，议会坚持不可。汪大燮力排众议，决定参加，从而提高了我国的国际地位。民国八年，帝国主义在巴黎和会上无理拒绝中国政府的要求，决定由日本继承战前德国在山东的特权，北洋政府竟然屈服帝国主义势力，秘密命令中国代表在“和约”上签字，激起国民的抗议。为反对《巴黎和约》而拟定发起的抗议运动，原定于1919年5月7日举行，但5月2日国务总理钱能训向正在巴黎参加和谈的中国代表团拍发密电，命令代表在和约上签字。国务院电报处一名职员是总统府外交委员会事务长林长民的同乡，连夜向林报告了消息。林长民当即向外交委员会委员长汪大燮汇报。本来，外交委员会已经于当天召开紧急会议决定拒签和约，并将交给国务院拍发。不料竟发生如此变故。汪大燮得知后，十分焦急。5月3日凌晨，他专程前往位于北京东管子胡同的蔡元培宅院，告知了消息。当晚7时，蔡元培校长召开学生代表会，揭露政府密令，于是群情愤激，决定提前于5月4日举行集会游行，爆发了中国人民反帝反封建的伟大革命运动。运动爆发后，汪大燮始终关注事件进程，学生被捕后，他又与林长民等人向警察厅保释，直至所有学生释放。在历史危急关头，汪大燮能够顺应时代潮流，不计较个人得失，以国家主权利益为重，毅然与人民大众站在一起，此爱国义举，在现代史册上留下不可抹杀的一笔，也是宏村人爱国奋进、勇为人杰的最好体现。

如今，振绮堂已经由汪大燮族裔整理向世人开放。每当人们凝视其中一幅幅保存完好的八骏十鹿、双龙戏珠、草船借箭、西厢记、八仙过海、渔樵耕读、九世同堂等木雕图，莫不在接受中华传统文化潜移默化的熏陶与教育；浏览民居中的一处处学堂厅、书房，莫不感到宏村先祖培养子女的长远眼光。

如今，人们穿行在村中，听导游小姐介绍宏村籍著名人物，像为国家和军队建设做出突出贡献的计算机专家李晓梅、在上饶集中营率领难友成功越狱的传奇功臣汪镇华等一个个神奇的故事，欣赏一幅幅自行创作的版画艺术品、自行撰写的楹联，没有人不感叹宏村文化的博大精深。

月沼人家

二

悠久而神秘的古代历史文化所创造的古镇宏村这种美的特色是：清幽、宁静、雅致、闲适、平淡而具有隽永的艺术魅力。

清幽、宁静是宏村古镇美的一个重要方面。这种感受来自于村子当中大街小巷清韵的青石板和简洁质朴的石库门坊，来自于高高的风火墙和庭院深深的民宅，同时也来自于至今仍被不少人家收藏的宋版线装书和明清青花瓷器。

行走在宏村水圳边曲曲弯弯的青石板上，如果天上落着微微细雨，打着蜡质的伞面，发出淅淅沥沥的声响，和着潺潺的水流，静静地体味那一份静谧和安详，慢慢地行走、细细地观看，这是宏村游览最佳的方式。走着走着，用自己的双脚丈量文化的厚度；看了又看，用自己的双眼捕捉风光的延展。

徽派建筑的色彩标志是青砖黑瓦马头墙，由于特定的人文地理环境和历史条件，特别是徽州文化所讲究的以人为本的思想以及宏村人千百年文化积淀所传承的特有的聪明智慧，使得宏村不仅至今完好地存留了百余幢古民居，而且规划成海内外极其少见的“牛形状”古村落布局，在青山绿水的掩映下，秀美而宁静，被誉为人间仙境、世外桃源。

别有洞天

这种环境优美、富有韵味的古民居村落，以及与民居厅堂的典型摆设、屋子内外雕饰图案的象征意义，还有门楣、堂匾、楹联等相映衬，形成一种“雅致”的风格，也是宏村美最让游人惊讶的特征。

说到徽派民居的装饰，首先不能不提的是徽派“三雕”技艺完美的运用。

砖雕、石雕和木雕是徽古建筑装饰艺术的重要部分，遍及城乡，使建筑物典雅、庄重，富有立体效果。“门罩迷藻悦，照壁变雕墙。”这是徽州三雕应用的真实写照。

三雕装饰重点是门楼、门罩、窗台、窗罩、梁柱、额枋等。尤其是额枋通景图，是门楼、门罩中最精彩的部位，多砖雕，也由大理石雕刻而成。一条额枋通景就像一副手卷式的人手山水画，长约五至七尺，高不过尺许，画面一般均以物为主，有骑马、坐轿、打仗、比武等各式儿童游戏场面。在统一的一个平面上，向里面深雕六七个层次，运用浅、高浮雕，透雕，半圆雕和镂空雕的方法，在厚不及寸的青砖上，使人物活动和主要建筑物凸起，使其有距离感、层次感，在光线下衬出阴影，确具雕塑之美。如宏村一户门楼上“关云长夜读春秋”、现藏安徽博物馆的“百子图”均为额枋通景图，是徽州三雕中之上乘。

至于屋内窗台、莲花门，则多木雕，图案以戏曲故事为主，也有诗词写意画图案的，就更显得珍贵许多。纯花卉的图样更是丰富多彩，除松、竹、梅“岁寒三友”，梅、兰、松、竹“四君子”外，牡丹、荷花、石榴、枇杷、荔枝、柑橘、白果、枣子、花生、蔬菜等等，都是层出不穷的雕刻对象。这些形象大都是用折枝、散花、丛花、锦地叠花、二方连续、四方连续等手法，表现寓意喜庆、幸福和人们的美好愿望。这种寓意的吉祥图案，在徽州三雕中相当盛行，达到了“图面有意，意在吉祥”的境界。而宏村的三雕技艺的运用，根据主人不同的爱好以及家族不同的传统追求，往往讲究同中求变，以达到同中有异的艺术效果。如承志堂上首的承德堂莲花门的木雕则用活灵活现的鲤鱼图案装饰，寓意“鲤鱼跃龙门”，鼓励儿孙科举入仕，大有作为。汪大燮的故居振绮堂的门罩、雀替则多“龙凤”图案，这在一般民居中也是不常见的。

贴墙牌坊精美石雕

黟县明清徽派民居的大门多以“黟县青”大理石或者水磨石门楣题额装饰，这些门楣除了一部分为通用的吉祥性题额，诸如“紫气东来”“钟灵毓秀”之外，绝大多数都独具特色，或状景，或抒情，或追溯历史，还有一些是展示主人高洁的生活情趣、恬然的心情、高远的志向的。宏村有代表性的门楣题额有：“南湖秀色”“月沼春晓”“雷岗夕照”“平阳故里”“黟北古郡”“颍川东里”“双溪映碧”“水环岳拱”“源头活水”“塔川秋色”“画里人家”等。这些门楣题额或请名人手书，或由主人自题，行、楷、隶、篆，风格多样。浏览其间，仔细品味，不仅可欣赏到书法美，体味中华文化的博大精深，而且可以从中寻觅到一种深邃回味的感觉。

宏村至今还保存无数民居与祠堂楹联，它们仍有无与伦比的文化欣赏和思想教育价值。如“读书好营商好效好便好，创业难守成难知难不难”，不仅对仗工整、朗朗上口，其中的道理更是深刻。它把徽州人读书营商的艰难生活道路，大白于广众；创业与守成的谆谆教导，以晓谕天下。一个“效好便好”和一个“知难不难”，明了轻松，极普通的辩证法原理，用得恰到好处。读罢，不禁使人们想起《儒林外史》第二十二回中“读书好耕田好学好更好，创业难守成难知难不难”的对联。两副对联虽只相差三个字，但却充分反映了徽商强烈要求提高自己政治地位的欲望和平民思想。可不是，古西递人在明清时期就有意识地把经商地位从“士农工商”的第四位提高到第二位，并与创业守成相对，无怪乎一时“徽人多商贾”，以至有于“无徽不成镇”之说。“世事让三分天宽地阔，心里存一点子种孙耕。”这副对联大概是功成业就人家的自勉。把祖训“劝世文”悬挂在厅堂与书房的墙壁上，这也是宏村人的一大特色。还有不少状景的佳联，如“云霞雕色草木贲华，林籁结响泉石激韵”，这副山水联，有声有色，阅后使人赏心悦目、心旷神怡，如入桃源之境。“水绕宏村，一渠碧玉千家分；花拥南湖，两岸浓华万树发”，“雷岗山世外春色，牛形村夜半钟声”，“牛肠水作青萝带，雷岗山为碧玉簪”，“卧看绿苑花弄影，静观碧池鱼跃波”。这些都真切描绘出宏村山水风光的特色。还有的状景抒情相结合，如“流水不将山色去，好风时送书声来”“万卷传百载书中富贵，千葩盈四座花里神仙”“桂花松子常满地，红叶丹枫好吟诗”“笔底江山助磅礴，楼前风月自春秋”“咬定一二句书终身财宝；载成五六竿竹，满目儿孙”，这些楹联书法精湛，字体不一，或龙飞凤舞，或笔力稳健，还因为制作材料的不一而各显特色，成为古村一绝。像月塘畔冒华居中有清代书法家张照所书的：“兴衰烟露流彩笔，吟边云日弄晴窗”，更显得十分珍贵。

三

秀美的山水风光，悠久灿烂的历史，孕育了发达的宏村文化；而发达的文化又吸引了无数的名人，提高了村落的文化品位。

村东南的千亩良畴铺上了金黄的地毯，雷岗山上的枫叶笑红了秋霜。清朝中期以来，每年的这个季节，宏村汪氏都要在宗祠内举办奖精英、兴文运的崇文文会。

文会隆重热烈。祠堂内张灯结彩，披帷挂画。汪氏各房长者及后生儿十上百人参加，大家一起聚会两天。参加者礼帽高靴长袂，像过年过节一般。

文会由祭祀大圣先师孔夫子揭开序幕。族长主持，宣读祭文，并率与会者跪拜上香。锡制祭器大大小小有上百件，大的锡器“物式件”有一人多高，场面十分隆重。

“物式件”祭器

祭祀结束便是聚餐。头一天多吃“十碗头”，大大小小的素玉盘摆满全桌，都是大鱼大肉，俗称“大块文章”，目的是奖赏后生，擢拔人才。第二天多吃“鱼翅席”，一律用细瓷盘盛装，教导人们学习礼节，知书识礼。文会有固定的所属田地，称“奖英田”。每年，奖英田收入由族长掌握用作文会开支，以保证每年一度的聚会活动能正常进行。

聚餐以后便是交流文章，评点诗词。诗文先必须用“殿试册”誊写。殿试册是科举考试时所用的一种纸帖，红框竖行暗格。毛笔小楷清晰的字迹也是一项很重要的标准。

诗文最后由族长老倌召集族内的举人秀才合议评选。每年评选出来的佳作，由族内出资编印成册，供同族孩童启蒙学习。

按县志、族谱所载，清朝道光年间，宏村崇文文会所评出来的诗作有——

汪承恩的《南湖》：

万山深处隐澄湖，湖上烟花似画图。
一片鸥波迷浩荡，四时鲰菜未荒芜。
颓崖落日摩秦碣，古寺昏钟吊宋儒。
最是夜阑风浪静，楼台灯火半模糊。

汪方钟的《南湖》：

满湖春色斓如许，湖上嬉春多士女。
采兰旧俗是今晨，岸柳相逢话情绪。

汪彤雯的《南湖春晓》：

无边细雨湿春泥，隔雾时闻水鸟啼。
杨柳含颦桃带笑，一鞭吟过画桥西。

汪士通的《南湖烟景》：

家住桃源好，村居别有天。
秋山千树月，春水一湖烟。

南湖晨曦

当然影响最大、流传最为久远的当数汪承恩的《宏村八景诗》——《南湖春晓》：

玻璃三百顷，隔岸袅村烟。
草绿客伤别，莺啼人尚眠。

《雷岗秋月》：

跻险临丹巘，松涛送晚雷。
谁知今夜月，曾照吕仙来。

《西溪雪霭》：

寒气袭衣袂，余霞媚晚烟。
断桥驴背客，踏雪耸吟肩。

《月沼风荷》：

命驾倏千里，仙迹杳莫追。
题诗同挂剑，凄怆绿荷池。

《黄堆秋色》：

木叶经霜醉，危峦一角斜。
凭谁图粉本，画我正停车。

《石濑夕阳》：

一片娲皇石，中流截急湍。
夕阳斜射处，误作碎金看。

《东山松涛》：

别墅荒山夜，虬松战雨鸣。
何须视童子，我亦赋秋声。

《梓路钟声》：

群籁静遥夜，茅庵隔俗尘。
钟声聆百八，恍惚悟前因。

进入新世纪以后，宏村游人如织，佳作连篇——
舒松钰的《羊栈岭即景》：

缕缕白云绕翠冈，车行动画入明窗。
民居高筑泥墙固，涧水自流竹枧长。
堂内华灯成兔景，山间通道代羊肠。
珠中九曲谁能度，一线蚁穿到广阳。

李兴富的《南湖》：

古树参天绿阴浓，长桥跨水曲如虹。
湖光山色媲西子，书院深藏烟雨中。

籍灿的《南湖泛舟》：

南湖美，风景远名扬。
西雨微风垂柳绿，湖光山色画船忙，戏水有鸳鸯。

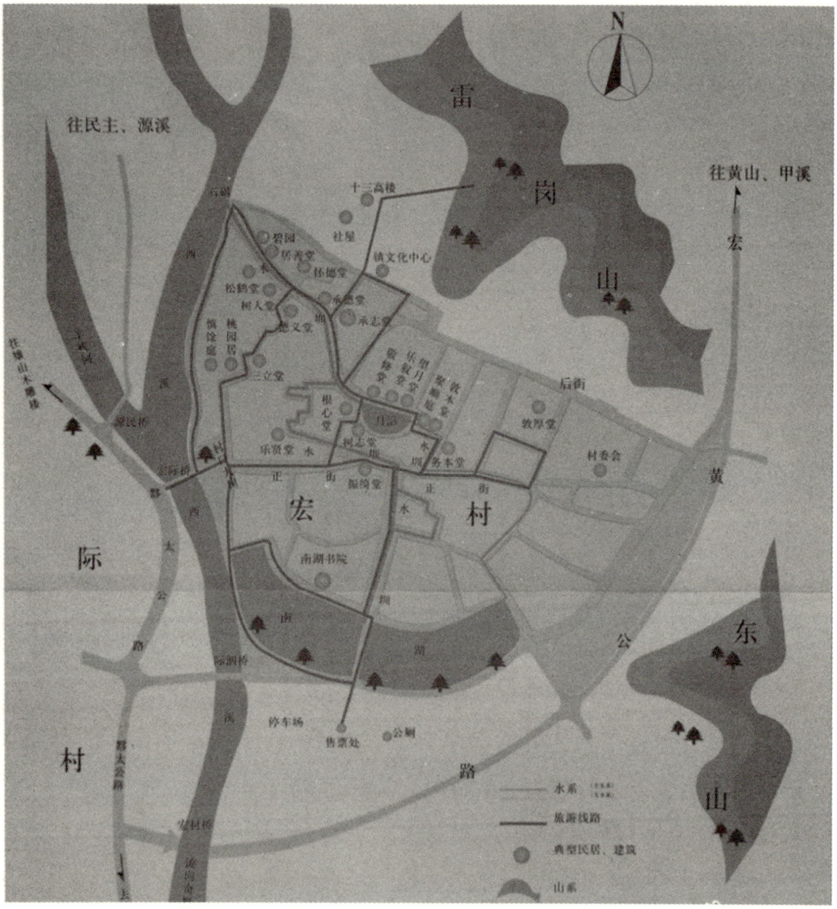

宏村名胜示意图

佚名的《宏村》：

雷公山下卧牛眠，九曲十弯肠胃连。
渠小绕穿千百户，轻声流过月塘前。

胡炳生的《浣溪沙·雨中访宏村》：

世外桃源觅旧踪，雷岗山下半云封，牛形村落露峥嵘。
曲水回肠穿百户，月形开胃酹千钟，天然人意画图中。

徐英明的《七律·黟县宏村》：

古街小景巧玲珑，黑瓦灰墙映碧空。
门外青山如画锦，湖前绿柳似屏风。
圳流穿户忙农妇，蜂蝶飞花乐稚童。
水墨宏村仙境地，钟灵毓秀夺天工。

对宏村最为痴情、对宏村美景最为痴迷之一的应该数安徽省芜湖县林业局的吴浪风先生，他沉迷于祖国名胜，流连宏村，作了许多关于宏村的诗，几乎遍及宏村名胜与民居祠堂——

《东山松涛》：

东山衔接绿杨村，步出林荫待洗尘。
滚滚松涛如奏乐，声声歌颂育林人。

《南湖书院》：

荡起轻舟穿画桥，半篙春水伴逍遥。
清波映衬徽文化，又给南湖缀一娇。

《月沼春晓》：

雄鸡催我际联行，半月池塘春水生。
润泽徽乡神韵美，沉吟业已不胜情。

《石堨萦波》：

自爱潺潺自在行，萦波待发上征程。
一溪春水明如画，万亩桑田足助耕。

《石濑夕阳》：

最爱西溪景物稠，欢欣揽胜数勾留。
满川秀色斜阳里，正待游人一望收。

《西溪雪霭》：

地接黄山隔俗尘，犹隆雷阜覆林荫。
游人识得桃源美，雪霭弥封誉古今。

《雷岗秋月》：

且喜登临览碧空，流丹似火染霜枫。
谁将明月高空挂，照得冈峦势更雄。

《南湖》：

清波相映古民居，浑觉南湖画不如。
梦里桃源惊再现，何须世外觅樵渔。

《画桥》：

登虹去探际联乡，画里行吟逸兴长。
自爱题诗歌古宅，情浓激越韵飞扬。

《望湖楼》：

清幽倒影足铭心，水下庄连水上村。
我欲登楼观秀色，满湖风月醉游人。

《本草纲目苑》：

沉迷本草醉身心，世界推尊第一村。
画里徽乡观不足，传扬清韵溢芳馨。
醉在南湖沐古风，欣尝百草访神农。
频添雅致无穷趣，更使徽乡声望隆。

《水圳》：

九曲弯弯系画廊，穿村绕户世无双。
民居自得西溪富，孕育儿孙百代昌。

《月沼》：

牛形村里景牵萦，拥月民居作画屏。
玉女临波展灵秀，相思梦里共长生。

《红杨》：

九虬夭矫向云天，护守牛村四百年。
历尽沧桑何所畏，峥嵘岁月更无前。

《宏村画家会馆》：

妙笔欣然点紫烟，南湖月沼醉神仙。
《桃源春色》凭谁画，胜似蓬莱自在天。

《务本堂》：

持家创业必精诚，共结同心锐气生。
老屋安居兄弟乐，书田无税子孙耕。

《乐叙堂》：

基开雷阜历沧桑，盖代依存乐叙堂。
定教儿孙勤创业，扬名举世亦无双。

《望月堂》：

流连古宅荡幽情，望月堂中望月明。
直令来宾增雅兴，人间天上怎分清！

《敬修堂》：

南湖石堨任遨游，月沼居中好静修。
世泽儿孙存孝悌，弘扬美德供清讴。

《敬修堂百年老牡丹》：

牡丹植入敬修堂，月沼赢来世代芳！
纵有风霜百般袭，芳馨无愧号称王。

《培德堂》：

古宅清幽风俗淳，勤修美德溢芳馨。
传承世代开基业，自爱书田不老春。

《敦本堂》：

留连雷阜绝尘埃，最爱清幽敦本斋。
记取祖传存厚德，功成多自读书来。

《冒华居》：

精心雕琢冒华居，敬启尘封岁月余。
欲续家风惟孝弟，长留世业读诗书。

《汪大燮故居》：

振绮长存国士谋，相祈来世护中枢。
但悲军阀穷争战，岂可冰心寄玉壶。

《耕心堂》：

不计辛劳白发添，悠悠岁月惜华年。
光前须种书中粟，裕后还耕心上田。

《承志堂》：

继古传今揽壮图，游临学海下功夫。
欲高门第须为善，要好儿孙必读书。

《德义堂》：

利赖家风建业昌，发扬光大即文章。
长存韵律勤歌德，义字当先百代芳。

《树人堂》：

孕育贤才思不穷，甘心励志树雄风。
襟怀旷达云中鹤，品德清高崖上松。

《树人堂民艺收藏馆》：

风车运转自风光，访古犹存老作坊。
莫道手工长作业，曾经辉耀树人堂。

《怀德堂》：

德溢芳馨意气豪，长怀嘉誉乐陶陶。
为人知足心多惬，处世无求品自高。

《十三楼》：

寻源发脉十三楼，决胜依然共计谋。
汪氏子孙同着力，随成美景誉徽州。

《乐善堂》：

点滴何须口舌争，和谐社会颂文明。
善为至宝一生用，心作良田百世耕。

《碧园》：

玲珑水榭好凭栏，半月池边执钓竿。
尽得碧园灵秀色，吟成流韵誉新安。

《松鹤堂》：

鹤立松间沐彩霞，松青鹤白着轻纱。
苍松挺直长迎鹤，鹤舞松阴兴倍佳。

《三立堂》：

遨游商海自横篙，莫弄钱塘八月潮。
处世无如为善乐，传家唯有读书高。

《桃园居》：

月沼相牵入梦游，牛形村里不胜收。
沉迷古老清幽宅，到此安居胜作侯。

《慎馀堂》：

洗罢风尘俗气除，居安谁不爱兹庐。
帘前花鸟皆诗句，槛外溪桥尽画图。

《乐贤堂》：

熟读诗书自乐天，琴棋字画莫求全。
粗茶淡饭深谙足，学到如愚乃是贤。

《敦厚堂》：

信是根基诚是因，民心纯朴世风惇。
传家有道惟存厚，处世无奇但率真。

《松鹤堂》：

鹤立松间沐彩霞，松青鹤白着轻纱。
苍松挺直长迎鹤，鹤舞松阴兴倍佳。

四

宏村之雅致美，更体现在村民日常生活言行当中。即使在大街小巷随意遇见的一个小脚村妇，说不定她就会演唱《金刚经》，会哭“老妪人”。深厚的文化底蕴，使得以宏村、西递为代表的黟县妇女即使在出嫁、丧葬等红白喜事中，哭诉唱词也颇有文化色彩。

黟县历史上文风昌盛，“十户不废诵读之声”。一般大户人家的女子，在未出嫁以前，多会跟随私塾先生吟诗作画，诵读《四书》《五经》之类。出嫁后，她们在经济上不愁吃穿，只需料理家务，空闲时间也就唱唱曲子、打打牌、专职女红之类，可是时间一长，这是多么无聊啊！如果是经济实力强的人家女儿，更可以有时间消遣，几个人聚在一起听听曲子，久而久之也就唱上歌了，以解烦忧。

有着这样的氛围，她们也就自然地把自己内心的苦衷、哀怨编成词，和着听过的曲子，唱起来。可以说，那是“感时花溅泪，恨别鸟惊心”，动情之处歌声就在哭中飞扬，听着谁都会动情。徽州的女子大多都有着相同的境遇，也就产生了一种相对被大家认可的歌哭词，它体现了黟县的这些固守家园的商人妻妾的人生痛苦与复杂的心理。

固守家园固然期待自己的丈夫能够换来万贯家私，可是商场的竞争残酷，她们的丈夫不可能都是一帆风顺。她们往往等不来回归，唯有日思夜盼，对着孤灯，想象灯芯能够开出双色的花朵，预报丈夫归来的喜讯。可是她们很多时候都是失望：“悔呀悔！悔不该嫁给出门郎，三年两头守空房。”女人歌中像这样通过三言两语就将形象栩栩如生勾勒而出的段子数不胜数，并且题材丰富多样，内容既有反映徽州人劳动生活、日常生活、经商生活的，也有反映徽州人的爱情生活、游戏生活的，涉及非常全面。

与其他各地不一样的是，黟县的姑娘出嫁临行前，母女一般要“哭嫁”。用哭嫁的歌声，表达希望与祝愿。如有首黟县才言哭辞为——

头戴珠冠即高富寿，身穿龙袍富寿长。手拿箍带节节高，脚穿花鞋即跳龙门。女肉啊，进侬家门啊，生着男来似太子，生着女来似观音。女肉啊，进侬家门啊，吾家乾银爹，周制一件袄，望吾家代代即都好；周制一件褂，望吾进门生罗汉；周制一条裙，望吾家代代中翰林；周制一条裤，望吾家代代即都富；周制一双鞋，望吾同行即到老。

女肉啊，吾家乾银爹，敬吾一杯酒啊，孝敬公婆天若天啊。女肉啊，吾家乾银爹，敬吾两杯酒啊，孝敬丈夫海洋深啊。女肉啊，吾家乾银爹，敬吾三杯酒啊，好男即好女啊，到身边。

同样，家亲去世，母亲或女儿、媳妇或姊妹等也要哭诉。哭诉内容现编现唱，多为概括逝者一生的经历，歌颂其平生事迹，或者倾诉其遭受的磨难与不公，甚至指桑骂槐，互为嘲驳，黟县方言称为“打板壁摇屋柱”。

黟县女人歌的产生和发展的过程，是一个代代相承的过程，在这个过程中逐渐形成了自己的特点。有的民谣在徽州境内广泛流传，但在不同县境有不同的流传“版本”。如“前世不修，生在徽州。十三四岁，往外一丢”的民谣，就有歙县、绩溪和祁门三种，还有《十送郎》也有歙县和黟县的不同“版本”；有些民谣在流传的过程中，由于时代社会发生了变迁，后来者在原来的民谣基础上，又进行了接续式的创作。如过去流传于黟县的《黟县妇女实苦怜》，现代又有了《黟县妇女生活甜》的新民谣，反映出了时代社会的发展变化；有些民谣从最早的口耳相传进入现代表演，如在黟县的龙池湾风景区，就把黟县的民谣（含有女人歌）加以艺术处理，作为旅游项目向游客推出；有些民谣由本土走向外地；有些民谣由口头吟诵发展为文字记载。

大型实景文化演出《宏村·阿菊》

黟县女人歌内容丰富，演唱自由，不少随编即唱。如——

表现新婚夫妇恋恋不舍的，如《送郎》："送郎送到枕头边，拍拍枕头叫我郎哥睡会添；今日枕头两边热，明日枕头热半边凉半边。送郎送到床桯边，拍拍床桯叫郎坐会添；今夜床桯两边坐，明夜床桯坐一边来空一边。送郎送到橱门边，开推橱门两串钱；一串畀郎哥买茶吃，一串畀郎哥开撑船钱。送郎送到槛门边，开推窗门望青天。求得青天落大雨，留俺家郎哥再歇一夜添。送郎送到房门边，开推房门看到太平钱，太平钱上四个字，'五子登科'万万年。送郎送到厅中间，抬起头来一株好牡丹。别侬家好男不要想，别侬家好囡不要贪，只顾念家中一株好牡丹。送郎送到墙角头，抬头望见一树好石榴。本当摘个畀郎哥吃，又怕郎吃吃不回头；有心摘个畀郎哥吃，又怕郎哥吃吃不回家。送郎送到南园边，一园韭菜一园葱。韭菜割断根还在，郎哥畀俺挂心头。送郎送到木樨边，木樨花开香朵朵，采朵木樨郎手里，家花不及野花香。家花香来常常有，野花香来不久长。送郎送到小桥头，手扶栏杆望水流，水到长江归大海，郎哥一去几时回？船家啊，今天撑俺郎哥去，何时撑俺家郎哥回？"这首民谣在徽州，即使在黟县都有不同的版本，但无论哪一种版本唱起来都是那样情深凄婉、催人泪下。

宏村美女

期待自己的亲人回归的：“脚踏门槛手叉腰，望郎回头手心焦。望年望月望成双，单望那床儿驮妹，妹驮郎。”

表现商人妇矛盾心理的，如《宁愿嫁给种田郎》：“悔呀悔！悔不该嫁给出门郎，三年两头守空房。图什么高楼房，贪什么大厅房，夜夜孤身睡空床。早知今日千般苦，宁愿嫁给种田郎。日在田里忙耕作，夜伴郎哥上花床。”

哭夫早逝的，如《小寡妇上坟》：“生是十都宏村女，嫁到四都关麓村。夫君二十零八岁，奴家二十零六春。正是弹琴琴弦断，日月明映被云遮，天上降下无情剑，斩断夫妻恩爱情。”

黟县女人歌2008年入选黄山市第二批市级非物质文化遗产名录。全国农业旅游示范点黟县龙池弯景区和黟县乡风群艺团，世纪初就开始挖掘、整理黟县女人歌《十送郎》等并传唱表演。过去有《黟县妇女实苦怜》，现代又有了《黟县妇女生活甜》的新民谣，反映出了时代社会的发展变化；有些民谣从最早的口耳相传进入现代表演，有些民谣由本土走向外地，由碧山何府会馆吴敬东邀请专家根据黟县民歌《十送郎》创编的黄梅戏《半个月亮》在第六届中国黄梅戏艺术节新剧目展演中获优秀剧目奖、优秀音乐奖等奖项。

五

宏村美更凝聚在日常生活的风俗习惯与当今旅游经济的发展中。

如果春节期间到宏村游览，运气好的话，会遇见一年一度的“斗鸟”比赛。

早在清末，宏村便有养鸟、斗鸟的风俗，人们的爱鸟意识十分浓厚。1987 年，宏村花鸟协会成立，除了宣传爱鸟、护鸟，同时举办民俗赛鸟活动。至 2005 年已经先后举办过 18 届斗鸟比赛。

宏村斗鸟

正月斗画眉是宏村的传统民间习俗。每到正月闲下来，宏村的鸟友们都要聚在一起取长补短话“鸟经”。举办斗鸟活动，不仅陶冶了爱鸟护鸟养鸟村民的性情，还引来众多村民、游客围观，增长见识。今年还吸引了毗邻的黄山区郭村乡山河村、休宁县城、黟县县城的养鸟爱好者携鸟前来参战，得知信息的上海花鸟市场的一位陈姓老板亦专程赶来选购画眉良种。参与斗鸟的既有年逾九旬养鸟六十余载的当地村民，也有离退休老人及在职职工。大家选出最漂亮善战、鸣声洪亮的画眉来到满布参天古树的雷岗山上参加比赛。目前村中常年养鸟的已经有 100 多户。相传，2001 年联合国官员大河直躬博士考察宏村时，恰遇斗鸟活动，他连连称赞宏村水好、古树多、老人精神面貌好。

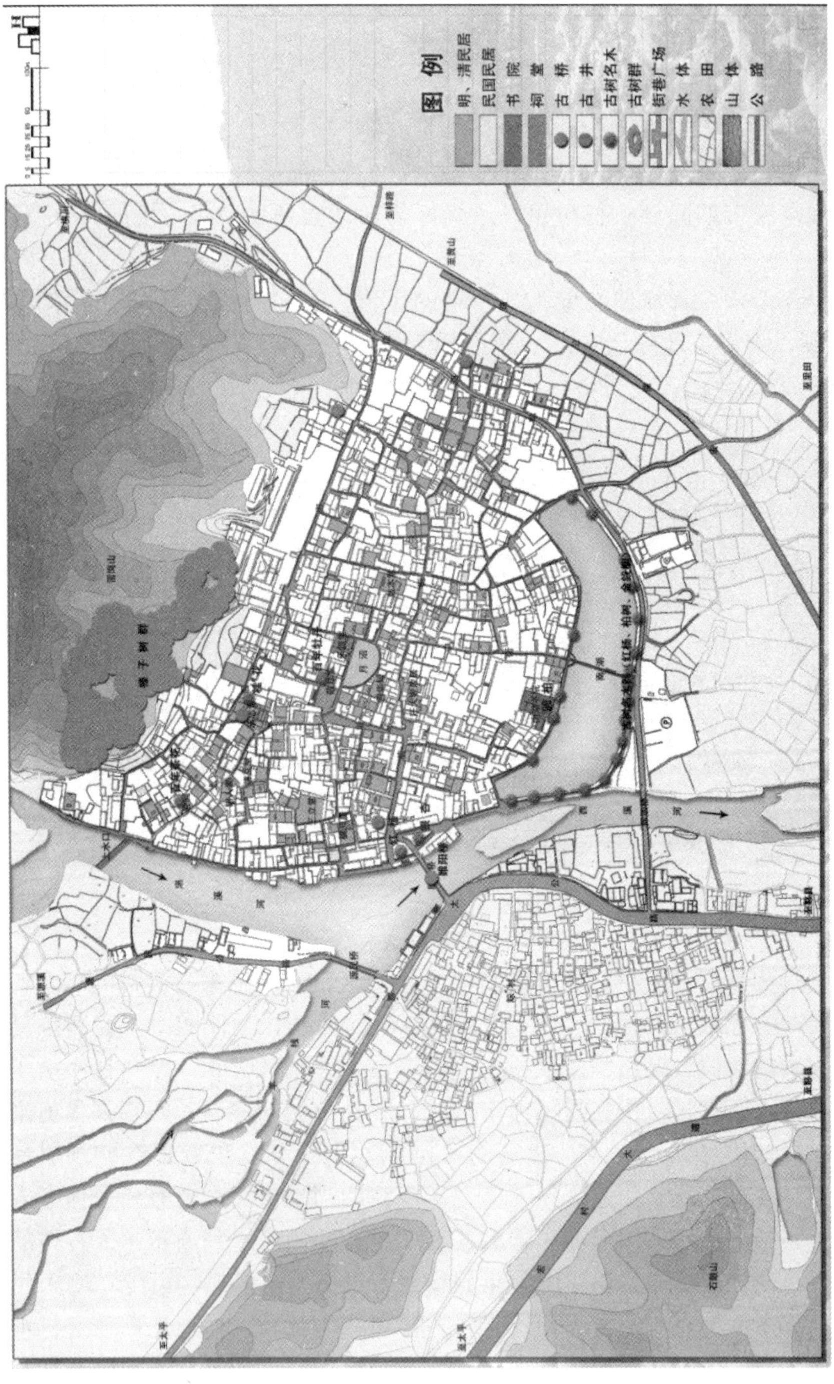

宏村名胜图（黄山市规划设计院绘）

平常，宏村一带的村民三五成群，肩挑手提鸟笼，早晨到雷岗山上去遛鸟。只见他们把鸟笼一字儿排开挂在树林中，养鸟人用自己特制的口哨模仿母画眉鸟的叫声，顿时引得树林中的公画眉一个个亮开歌喉，放声欢唱，空山鸟鸣，晨曲悠扬。人犹如生活在画中一般，真是一种精神享受，此番美景无以言表。

随着宏村申报世界遗产的成功以及旅游市场的火旺，传统的技艺在村中也得到迅速的发展，尤其是传统的竹雕工艺品的创作，格外得火暴兴盛。

宏村地处黟县北部，属北亚热带潮润季风气候，年平均气温 15.8℃，年均降雨量 1760 毫米，无霜期 213 天，全县山地与丘陵占总面积的 85.4%，山地土壤以红壤、黄壤和黄棕壤为主，自然条件优越，竹种资源丰富。宏村的木坑、雉坑等地满山满坳全是竹的世界、竹的海洋。时而山风乍起，千顷绿波走铁马；时而雾散日升，百万凤尾齐朝天。著名的摄影家陈复礼先生以木坑竹海为主要景色摄影的《翠竹堆青》，在国际大赛中获得金奖，并被英国皇家摄影协会收藏。因而，在诗人的眼中，竹是绿色的诗行；在画家的笔下，竹是绿色的画卷；但在宏村巧妇俊男的心里，竹是绿色的财富。随着旅游业的发展，竹雕艺术在宏村得到空前的发展、繁荣，竹雕艺术并不亚于他艺。

竹制工艺品

宏村市场上的竹雕工艺品，以文房用具及日常用品为主，用以装饰帏斋，搁置案头。竹刻大体分两类，一类为竹面雕：如上述香筒、笔筒、臂搁、扇骨等；竹面雕刻可分阴文、阳文，二者又各有深刻、浅刻，如阴文则有毛雕、线刻、深刻、陷地深刻，阳文有留青、薄地阳文、浅浮雕、高浮雕、透雕。一类为立体圆雕，即竹根，所制为人物鸟兽等立体形象之物。

徽州竹雕有悠久的历史，精品多见于明中叶至清初这一时期，常见的有香筒、笔筒、臂搁、扇骨等，其中的竹雕笔筒，便为明代徽州文人雅士备极推崇的文房用具之一。如今宏村的竹雕技艺虽然还没有达到省博物馆收藏的明代描金五彩漆果盒与清代金漆堆花圆果盒这些国宝级艺术品的水平，但如今竹雕与竹编所形成的轰轰烈烈之趋势则是前人所无法比拟的。如今的艺人让竹雕艺术与竹简相结合，制作出一幅幅精美的竹雕艺术品。有模仿古代名家的书画真迹的，有当代书画家的墨宝，每一幅都独具匠心，每一幅都精美绝伦。栩栩如生的画面，苍劲的笔锋，让人拍手叫绝，具有极高的观赏价值和收藏价值。如今竹雕工艺品成为宏村旅游工艺品中的一大特色，深得游人喜爱，不少游客流连于竹雕市场，或欣赏，或砍价，或陶醉于满目缤纷的竹雕作品，自得其乐。

六

宏村隽永的艺术魅力更体现在“天人合一”的“和谐”上。在单纯中见不到明显的差异和对立因素，如宏村古镇村口厅前的苍劲古老的大树，与村中大街小巷苍老斑驳的墙壁、岁月磨平的石板路、宁静平和与世无争的生活状态等，这种单纯能使人产生一种顿悟平和的感受。

“齐整”也是一种美。一块块砖叠垒的墙，一条条石板铺成的路面，街边的一间间店铺，河边的一间间小屋，它们成平行相连或保持一定的距离，这些也表现出一种自然状态下的整齐美。在徽州，很多古村落的装饰纹样上采用二方连续的纹样，这是一种反复，也属于整齐的范畴。

“多样统一”，美表现在不同的细节中。古镇的一草一木、一砖一瓦都是经自然和人的多年塑造而成的。它们极富细节，千姿百态，非人短期刻意所能臆造。同时这些极富细节的东西都相互和谐地统一在一起。古镇的美正是在于整体的多样性。就宏村来说：宏村北倚雷岗山，东、西有东山、石鼓山，山体植被茂盛，村南地势开阔，建有大面积的池塘——南湖。村落布局基本上保持坐北朝南，村址处于山水环抱的中央，形成枕高山面流水的“枕山、环水、面屏”的理想风水环境。宏村平面采用“牛”形布局，牛肠——水圳引西溪河入水口，经九曲十弯流经全村，最后注入南湖，充分发挥了其生产、生活、排水、消防和改善生态环境等功能。居民足不出户，就可以饮用、洗涤、浇园及凿池养鱼、植花种草以休养生息。宏村有着类似方格网的街巷系统，用花岗石铺地，穿过家家户户的人工水系形成独特的水街巷空间。在村落中心以半月形水塘“牛心”——月沼为中心，周边围以住宅和祠堂，内聚性很强。最能体现宏村景观和艺术价值的月沼和南湖水面，映衬着古朴的建筑，在青山环抱中依然保持着勃勃生机，更显宏村独到的多样中的统一。

这其中，除了依据山势、遵循水流的自然风光外，宏村的先民还画龙点睛地建设了一些人文景观，而最精彩的名胜莫过于社屋、睢阳亭和南湖书院等。

“社”，指土地之神。《礼记·祭法》：“共工氏之霸九州也。其子曰后土，能平九州，故祀以为社。”也指祭祀土神为社。古代祭祀社神之日，立春后五戊曰春社。立秋后第五个戊日祭祀为秋社，适当春分、秋分后。社祭就是举行祭祀，感谢土地神生长五谷，给人们带来恩惠。农业社会从帝王到诸侯，都要祭社：王为太社，诸侯为国社。而民间“二十五家为一社”，称为民社。乡村民社，各有其名，十都宏村即属“桃源大社”管。民社祭祀有社屋。宏村社屋坐落在十三家楼下首，至今遗存依然保存完好。与一般乡村往往仅仅在城角村头立一个二三尺高的小庙不同的是，宏村“桃源大社”的社屋颇为壮观，拱形大门两侧嵌有一对大理石镌刻的楹联：“胜地钟灵长瞻松柏之茂，明神锡祉永奠河山之宁。”社屋原有两进，里面有彩绘，上百年过去了，依然十分鲜艳。

睢阳亭原坐落在宏村村口，如今亭子已不复存在，村口也建起了大石桥，成为街市枢纽。但是亭前的红杨、白果两株古木依然健在，明嘉靖年间状元罗洪先所题诗碑也依然健在，罗洪先与宏村学子汪心鉴交谊美好的佳话也将一代代流传下去，睢阳亭作为宏村文化的一个象征，也已经根深蒂固烙印在宏村百姓的生活与文化当中。如宏村学校汪金瑞老师20世纪末的作品《睢阳亭头迎佳宾》：“仰望苍穹万里天，林头薄暮锁尘烟。睢阳亭畔迎归客，同赋清秋皓月圆。”

而南湖书院是至今村中保存完好的名胜建筑。南湖书院坐落在风景旖旎的宏村南湖畔，是所在黄山市境内保存得较为完整的宗族学校，由志道堂、文昌阁、启蒙阁、会文阁、望湖楼、祗园六部分组成。书院前临一湖碧水，后依连栋楼舍，粉墙黛瓦，碧水蓝天，交相辉映。

宏村八景图（黄山市规划设计院绘）

书院始建于1811年，占地6000余平方米，分左中右三大间，左侧悬挂南湖书院匾额，首进为木栅门厅，二进为书院正厅“志道堂”，系教授学业之处，三进为“文昌阁”，供奉的是孔子和朱熹的牌位。明清两代，朱熹所倡导的理学被提升到了儒学正宗的地位，而朱熹祖籍又是徽州，所以徽州一府六县的书院中不仅供奉孔子，同时也供奉朱熹。书院中间前厅为“启蒙阁”，后厅为“会文阁”，是宗族中文人墨客以文会友处。书院右间为祇园，系书院附属设施，为来此讲学者及管理人员栖居之所。

南湖书院内景

南湖书院外景

南湖书院在古徽州的众多书院中似乎没有歙县的紫阳书院、绩溪的云庆书院、休宁的还古书院乃至黟县的碧阳书院那般名气，然而南湖书院所处环境的优美是首屈一指的。其所面对的南湖，春日绿柳绕堤，夏日风动荷香，秋日天高水澄，冬日长堤拥雪，四时景之不同，让人感到其乐无穷。而能与此湖光山色相匹配的，唯有书院中那琅琅的书声。

古之徽州，自宋代以来，对教育便非常重视，那“十户之村，不废诵读”的教育氛围，使人感悟到这块土地不可低估的前途，而适应这种教育的需求而问世的书院，便如雨后春笋。从现在的史料可以了解，清康熙五十四年，徽州便有书院54 所，而作为启蒙教育的私塾则不计其数。古徽州为朱熹的故乡，对朱熹所创立的理学观点是最坚定的支持者和实践者；尽管明清两代的统治者把朱熹所创立的理学提升到了儒学的正宗的地位，但是徽州人仍然雍容大度地邀请与朱熹学术观点相对立的王阳明学派来徽州各大书院举办规模盛大的讲学会，每会会期 10 天，听众有时多达千余人。正是这种宽松的学术环境，使得当时的徽州人思想特别活跃。读书，对这块土地上生存的人们产生了强大的磁力。清雍正元年，在古徽州一府六县中人口最少的黟县，参加秀才资格入学考试的读书人一下子突破千人大关，以至于县会不得不奏请上司，将黟县学校的规模由中学升为大学。

让人不得不赞叹，促使历史上徽州的繁荣，与其说是商业，不如说是文化。因为，从这块文化氛围极其浓郁的土地上走出去的商人，与其他地域商人最大的素质差别，便是拥有深厚的文化底蕴；先读书，后经商，是他们借以成功的根基。南湖书院的历史并不算长，规模不算大，但即便如此，从这书院的大门也曾走出去一批又一批贤能，诸如清末内阁中书汪康年、民国初年代理国务大臣汪大燮；然而更多的是类似徽商巨子汪定贵一般的徽州商人。而所有成功的徽商人对家乡的文化都是非常钟情、非常倾心的，这种钟情与倾心，是源于他们自身成功的体味与感悟，先读书后经商与不读书就经商在长远效益上的差距是显而易见的，而这种体味与感悟，促使他们对家乡的文化事业给予巨大的回报。黟县乡绅胡尚熷捐18000 两白银修碧阳书院，并与胡元熙、胡积成共同捐资白银 5000 两资助紫阳书院，以缓解其办学经费之不足。古徽州那星罗棋布的书院中，流溢着徽州商人们那殷切的目光，那厚实挺拔的墙体，是以徽商那雄厚的经济作为支撑的。良好的教育环境，活跃的学术氛围，使得许多从这块土地上走出去的人们产生了深深的眷恋之情，就连大学问家朱熹也“未尝一日忘归也”，并将其随身携带的印章刻成“紫阳书院”，惹得后人还将朱子之学称之为“紫阳学”。更值得一提的是，清光绪二十一年四月，主张变法的康有为、梁启超联合18省在京会试的举人，向光绪皇帝呈上《公车上书》，在奏章上签名的安徽举人共有8名，而其中就有4名是黟县人，他们是胡殿元、胡嘉楷、胡腾逵、何承培。

清末，盛极一时的徽商开始走向衰落，其中客观原因是政局动荡、战争频仍，徽商所倚重的几大行业被剥夺了特权或被排挤，而主观上却是徽商所掌握的传统商业知识、经营理念已远远落后于当时的商业形势。而徽商的失利，也使得他们无力支持家乡的文化教育事业。如此恶性循环，最终导致了徽州人从繁荣走向衰微，书院高耸的墙体，开始一堵一堵地倾圮。徽州鼎盛时期的54所书院，如今不知还保存着几所？让宏村人感到骄傲的是，南湖书院依然保存完好，1998年南湖书院被公布为安徽省重点文物保护单位。

"志道堂"系先生讲学之场所；"文昌阁"奉设孔子文位，供学生瞻仰膜拜；"启蒙阁"乃启蒙读书之处；"会文阁"供学子阅览四书五经；"望湖楼"为教学闲暇观景休息之地；"祗园"则为内苑。

南湖书院外临一湖碧水，庭院内置花园假山，操场上有株百年龙柏。书院原有金色匾额"以文家塾"四字，为清朝翰林院侍讲、著名书法家梁同书年93岁时所书。西侧有一卷棚式屋顶的"望湖楼"，上悬匾额"湖光山色"四字，系清代歙人、时任黟邑知县尹服题，今仍完好。

说到梁同书耄耋高龄题书"以文家塾"，还要从汪新福学艺杭州城说起——

宏村外门坦曾住有叔侄二人。叔叔汪大成是城邑同乐楼菜馆的厨官师父，手艺相当不错，能熟练地做一手好菜。一天，是茶市季节，浙江杭州有一位茶叶商人在同乐楼吃饭，尝到汪师傅的饭菜赞不绝口，准备出高价请汪师父到杭州去他哥哥开的徽菜馆做把案师傅。汪大成一听，酬金丰厚，就一口答应，同时把父母双亡的侄儿汪新福也带到了杭州。汪新福聪明好学，进步尚快，14岁那年就已经是叔叔的重要帮手，叔叔未成家，对亲侄儿也像对自己亲儿子一样，什么绝活都传授于他。又过了一些年，叔叔染病身亡，汪新福却成了徽菜馆的把案师傅，他年轻，手艺不错，杭州一些想品徽菜的大官、商贾都喜欢到徽菜馆来享口福。

嘉庆初朝廷内的文华殿大学士、内阁梁同书，不仅官居一品，又是有名的书家，皇上派他到杭州来考核州衙大员的政绩，梁同书到了杭州，办了公事，在杭州知府要员陪同下，选定徽菜馆进餐。

徽菜馆的老板，是徽州歙县人，姓汪叫世贵，一看是朝廷大员光临，赶快相迎，梁阁老说："徽菜馆的名声还不小呢，老夫今天来尝尝看。"说罢入座，店主安排就席，拣汪新福拿手好菜一一送上，什么火爆新安松花格子鱼、清炖五溪岩上生鸡、鲜笋衣红烧东坡肉、跑马鸡等，一桌子徽州名菜，直逼得梁阁老眼花缭乱，一连几十个“好吃”。

一桌洗尘酒席，使得汪新福的厨艺名声超过了他的师傅。梁阁老公事已毕，向杭州知府讨一个人情，梁阁老对杭州知府说：“府台大人能否成我一桩美事，将徽州汪师傅给了我。”杭州知府正愁无计巴结上司，此句正中下怀。从此汪新福就进了梁府，成了梁府的把案师傅。梁府的管家姓徐叫得毕，孤身一人在梁府已经四十个年头，和新来的厨倌关系甚密，梁阁老经常不在家，一应家事，几十口人衣食住行都得周持。

年事已高的梁阁老在家时间也多了，常以品徽菜为乐事，阁老常对同僚说：“我一生有两个宝贝，一是有个忠诚守信的管家，二是让我能享口福的厨倌。”

不久，管家徐得毕一病不起，后逝于梁府，梁阁老将其厚葬，徐管家逝后，梁阁老就请汪新福任管家，更名游奴。

嘉庆十九年，梁阁老已93岁高龄，皇上才允他告老回乡，此时汪游奴也60尚未成家，梁阁老深知汪游奴的两个徒弟也日益成熟，亦允他返乡，游奴说：“请阁老赐我两件宝”，梁阁老愿知其详。汪游奴说：我少小离家老大回，村上人看不起我，我想回村建房成家，想得到一张圣旨立户的文书安在大门正中；二是前段时间，村里建立一所大家塾，是学使幕僚汪应文出资的，叫以文家塾，请人送来我处，叫我向阁老讨个人情，给写“以文家塾”四个字。梁阁老一一答应，半个月以后，阁老命新管家将白银两千两、圣旨文书和家塾额文交给汪游奴，择日返里。

汪游奴到了宏村在村东择基建宅，上堂斯额，为“得恩堂”，“圣旨”二字高镶大门门楼。

这座得恩楼目前尚存，但岌岌可危，而圣旨二字隐约可见。

同年年底，以文家塾建成，梁阁老手书“以文家塾”四个字，制匾高悬家塾大门正中，从此这个匾下走出不知多少有用人才。

近年，为适应旅游业的需要，整饬修缮后的南湖书院启蒙阁被辟为“徽文化陈列室”，内设宏村全景大型沙盘；志道堂内恢复悬挂了多副名联，如“迎门饮湖绿一溅涟漪文境活，倚窗眺山峦万松深处讲堂皇开”“漫研竹露裁唐句，细嚼梅花读汉书”“地近黄山耸起文峰千丈，楼迎南湖拓开思波万重”“气备四时与天地日月鬼神合其德，教垂万世继尧舜禹汤文武作之师”等。大门新立了“南湖书院”和“以文家塾”匾额，两旁悬嵌名联文是：“南峦环幽境，书声琅时云涌霞飞腾气势；湖泊映秀色，桃源深处水流花放丽文章”，为昔日宏村八景之一的“南湖春晓”平添了新的光彩。

冬季的徽州有些苍茫，多些寂静。冷的风与潮湿的空气在徽州的重山之间飘来荡去，凝结成为浓重的雾色，修饰着黑瓦白墙。树木的枝丫在阳光的照耀下，疏疏落落地在密密匝匝的房屋间隙涂画着冬天的影子，使那些古老的村落更增添了笔墨间的神韵。这时的徽州就像一位处事不惊的隐士，在皖南冬季明媚的光线里奏动琴弦，伴随着几百年前遗留下来的细腻、精致与奢华，弹奏着它千百年不变的乐曲。

南湖雪霁

七

深厚的文化底蕴，美轮美奂的环境，人与自然结合的光辉典范，人类古老文化的见证，传统特色建筑的典型作品，终于使得宏村在新千年来临之际，一跃成为世界文化遗产。

说到宏村申报世界文化遗产的历程，我们不妨把眼光往前再挪一挪，在“南方网”的网站上，我们曾看到这样一则消息：

1984 年，同济大学教授阮仪三早上 7 点从上海出发，晚上 6 点才从渡船上拖着疲惫的身躯进入周庄，并主动向镇长提出免费为古镇做规划的时候，得到的答复是：“你们从上海老远跑来帮我们，知道你们是好意，但是我们许多人认为不必要，你们同济大学自己搞教学，我们嫌烦，你们这次做好了就不要来了。”今天，人们没有理由责备刚刚从土地上解放出来的农民企业家必须有更远大的目光和敏锐的政治智慧，但也许就是这样的一段话，断送了周庄发展的最佳机遇与前程。

而同时期，黟县宏村和西递的旅游还是刚刚起步。1986 年整个西递村的门票收入仅为 1700 元，宏村因为开发迟，门票收入则更少得可怜。

宏村历史变迁图（黄山市规划设计院绘）

无论是交通还是经济实力，皖南的西递、宏村都是没有办法与苏南的周庄、同里相比的。然而，西递、宏村正是凭借自己的原始原貌的宁静而典雅的风格，更是凭借深厚文化底蕴滋润与培养出来的敏锐精神和前瞻思想，紧紧抓住机遇——“没有条件，创造条件也要上！”

皖南古村落申报工作步入了快车道，并最终于2000年6月28日，在澳大利亚东北部城市凯恩斯举行的联合国教科文组织世界遗产委员会第24届主席团会议上经审议同意推荐中国皖南古村落——黟县西递、宏村为世界文化遗产。会议称宏村是“封建时期以繁荣的商业经济为基础所创立的人类居住类型的真实例证”；“西递、宏村特别完好地保存了中国传统的乡村住宅，而这些在过去的岁月里已大范围地消失”。据权威资料显示：在中国的世界遗产名单上，西递村和宏村以“世界文化遗产”的名义排在第27位。

当时，适值中国即将加入WTO的前夕，世界即将迈进21世纪的门槛，这一意义非同小可。正如郭旃先生——参加此次凯恩斯会议的中国代表团成员、中国国际古迹遗址理事会秘书长、值得安徽古村落永远铭记的朋友所说：“其将有助于这些地方遗产和环境的保护，也将使中国在世界遗产的保护意识和保护实践方面进一步与国际接轨。这些项目的申报成功，不仅增强了中国人的民族自信心、自豪感和社会凝聚力，而且对旅游业的健康发展与繁荣也起着不可忽视的作用。”西递2003年门票收入猛增到866万元。宏村的门票收入变化更大，黄山市旅游局的统计数字显示，1999年入评世界文化遗产之前全村的景点门票收入仅为59.33万元，而2003年则猛增为723万元，这还是在全国旅游受“非典”影响严重的情况下的收入；2005年宏村接待游客53.16万人，门票收入1811万元；2014年接待游客163.82万人，门票收入10125万元。

应该感谢包括所有在安徽古村落（西递村、宏村）申报世界文化遗产过程中投以关注、投以指教、投以辛苦、投以关怀的专家、学者、领导和工作人员。清华大学建筑学院的单德启教授，不仅是最早提议西递、宏村申报世界文化遗产的专家，而且在最激烈的申报竞争中，当申报材料缺少急需的相关照片、幻灯片、录像带等附件的关键时刻，他二话不说鼎力相助，将自己十多年来积累的这些资料全部奉献出来，解了申报工作的燃眉之急。当申报组向他致谢并表示欲支付资料费时，单教授激动地说：“西递、宏村是作为中国安徽古村落的代表向世界申报的，我是个中国人，我是以一个中国公民的名义来出点力的，怎么能谈报酬?”

清华大学建筑学院的朱自煊教授，是安徽省黄山市人，多少年来一直关心着家乡的事业，这次安徽古村落申报组在北京的联络点，就设在朱教授的家中。他不但为申报材料的修改定稿、强化提升而详加指导并字斟句酌地润色，而且还亲自出面邀请到清华大学最出色的英文翻译突击翻译申报材料的英文本，为申报文本的质量保证并终获通过立了大功。当申报组向他表示感谢时，他说："我们之间还谈什么感谢？能为家乡的申报尽点力是我的荣幸。"

中国规划设计院总工、高级规划师王景慧，国家文物局文物处处长、中国国际古迹遗址理事会秘书长、中国参加第24届世界遗产委员会会议代表团成员郭旃，安徽省建设厅厅长助理吴晓勤，还有许多知名与不知名的英雄，都是应该特别提及的功臣，因为他们每个人都为申报工作花费了许多心血。

时任黟县人民政府县长杨震（左）领取世界遗产证书

八

申报的成功，使宏村与世界接了轨，也给宏村带来了更大的品牌效应。2000年12月7日其又通过了申报国家首批的4A级旅游区（点）的验收评定；2004年上了国家名片：邮票；2005年与西递一起被评为中国魅力名镇；2013年宏村景区提升为5A级景区……

宏村完整的古风古貌、美丽的环境成了影视剧的天然摄影棚，已经先后有《王稼祥》《铁画轶事》《逆火》《古刹鬼影》《画魂》《走向蓝水河》和《风月》等数十部影视剧在村中选景拍摄。但最值得一提的是被誉为

"国际级武侠巨片"、一举夺得73届奥斯卡四项大奖的影片《卧虎藏龙》的拍摄情况。尽管中西文化不同，但美国演艺圈对这部武侠片的接受程度出人意料的好。许多好莱坞电影从业人员相当欣赏《卧虎藏龙》的动作、画面以及特殊的音响，唯一无法领悟的是剧中的"江湖味"；而我们看过太多的江湖动作片，对其中的"江湖味"尽能体会，但对其他方面却不太恭维……不管怎么说，我们不能否认，《卧虎藏龙》是一部好片，这部"墙内开花墙外香"的国际影片被称赞为一部"诗情画意"的佳作。而片中"诗情画意"的景色不少就是来自山清水秀、建筑美丽的宏村。

在相当长一段时间，人们到宏村旅游，不仅是为了体味"世界文化遗产"的韵味，而只是因为看了这部名叫《卧虎藏龙》的电影，为的是能从村中的小桥流水人家中再次感受李慕白的侠气、俞秀莲的大气和玉娇龙的灵气，更有宏村文化给人们的启迪与感受。

下了停车场，过南湖画桥，游客一踩上石板桥，不少人感觉就来了——因为电影《卧虎藏龙》一开场，李慕白赶去探望俞秀莲，走的就是这座桥。轻轻再轻轻，匆匆再匆匆，急于和爱人相见的李慕白，不也就是这样一路走来？在导游诗一般描述下，游客们仿佛也进入了情境，既是被电影所熏陶，更是被宏村静谧、雅致的氛围所熏陶，只怕是搅乱了这一池的静蕴，为的是早一刻包容于宏村的美景之中。游览宏村，定使游客各自的言行变得更加雅致与文明。

宏村秀里影视村

顺着湖堤游客到了"南湖书院"，导游的解说刚刚开始，一些急不可耐的俊男倩女就进门，惊呼起来："'雄远镖局'，俞秀莲的'雄远镖局'！"镖局的主人俞秀莲虽为行走江湖的女侠，因迟迟未嫁，阳刚气甚浓的镖局其实还是她的闺房。这么一来，现实多了几分想象，想象又仿佛回到了现实。于是，迈进书院的时候，人们的心情多是柔软的，所有的发现也随之变得温情脉脉。原来，俞秀莲与玉娇龙大动干戈、拳脚相向的宽阔天井只是古时学生们晒太阳、读八股文章的露天教室。游客在诵读照壁上“朱子治家格言”的同时，多了几分对情爱的向往。

客人们到宏村游览，最有韵味的是惊讶于全村活脱脱的水系，而宏村的每一天热闹与活力，也是清晨伴随着大姑娘和年轻媳妇们堆挤到“牛肠”和“牛胃”边浣洗衣裳的“噼啪、噼啪”的捣衣声，才正式开场的。而如今，远道而来的游人，坐在塘边歇息，欣赏着这一幕幕生活情景时，忽然想到李慕白从“雄远镖局”一路追赶玉娇龙出来，两人一前一后正是从这“牛胃”的水面上掠过，脸上大都不由浮现出几分笑意。风雅宏村又让人们多了几分美好的想象……

宏村文化，清幽、雅致而又博大精深，温情、美好而又闲适神奇，充满着无限的艺术魅力。

文史资料

宋始迁黟北祖仁雅公原序

晋成帝咸康二年丙申，诏颁天下索谱，余家淮安侯上谱表，言先世旧有《汪氏大宗血脉谱》，载历朝赐御奕世名臣，臣遵奉诏索氏繇来。臣祖汪侯承黄帝之后，玄嚣之苗裔。周文王子武王弟周公旦，鲁伯禽之后，至成公黑肱之次子，名汪，拜上大夫，有功于鲁，封汪侯，食邑颍川。

三十一世祖文和，汉建安二年授会稽令，渡江而南，始家始新迁家新安，子孙遍布诸郡，无不簪缨。以臣天功，叨领护军司马、丹阳太守、淮安侯。索臣繇来。谨治旧谱，婚官职状，诣阙表闻，奉诏命品。经著作郎袁彦叔陈奏：读民家各谱，汪氏乃周之苗裔，鲁伯禽之后，成公黑肱之次子，名汪。于国有功，封汪侯，谥命族姓。子孙固以为氏，故历朝御籍经传子史，鉴而可据。

汪锜、汪量，名宦周秦，汪胜、汪冕，德昭汉世，文和授令会稽，渡江而南，是实不虚。品流汪氏，诚为纲宗胄族者矣。厥后，南朝宋泰始间，御禁常侍，功封上邑侯，程讳咸之曾孙、长林令讳庆，余家世姻也。时鹏远公纂谱，乞言弁首，爰表而序之曰："汪氏源流，晋尚书品之纂详，更有汪翊君授令海宁，汪解君出守庐江，汪演君散骑常侍，汪道献君历任黟令，汪统君宁运将军，汪元爽君隐德著书，诏征富春令，今君家，躬膺左军司马。诸郎君泰志霸孺，皆廊庙材……汪氏行之于族，则他日行之天下者，必自此始。"此长林令程公序也。

嗣越陈至德丙午，我显祖诞生，特达武英，痛愤隋祸，崛起而保障之，使六州之民不罹锋镝。观天象，识时机，籍土归唐，封上柱国越国公，历任两朝。

贞观十二年，戊戌，命尚书高士廉编天下谱。我显祖具牒进呈，敕旨嘉允，考支派，序首有云，执笔特书，志宗盟之他寓。开编广览，宜族谱之无忘。所纪颍川以下渡江而后支派，如某地几户，承祖某第几子后之义例，衍泽详明。历永徽开元，均奉缀汪为国柱，谱之右汪，繇来者渐。故我五十一世祖纯甫公，避永泰寇患，暂徙新建，必袖珍弗释。至五十五世祖学礼公，归赘唐模，亦拾袭箧中。迨五十八世祖良佐公，纂修分授册，王父宝藏属余。余佩昇州，适遭火阨，一编尚在。兹余病革，亟捧付汝延璘，勖哉。切毋亵视，愿汝螽斯衍庆，子子孙孙，勿替引之，以副谆谆颙望之至意。

天禧元年岁次丁未仲春望日庆堂汪僎先序

（摘自《弘村汪氏宗谱》）

宏村汪氏宗谱宋始祖彦济公原序

礼曰："人道亲亲也，亲亲故尊祖，尊祖故敬宗，敬宗故收族。"族之为言，簇也，聚也。其间贤愚贵贱，固不相侔。壹是皆以人道亲亲收之。奠世系，辨昭穆，而宗谱义例成此。唐礼部高士廉、侍郎令狐德棻等，撰《氏族志》百卷；合二百九十三姓，千六百五十一家；分为九等，以甄士庶。太宗嘉之，吾汪氏其一也。

汪氏家谱，始于晋，著于唐，二表足征。自显祖越国公，沿及支祖仁雅公，由唐模捆昇州，火炎迫归。道经黟北，适元配方孺人弥留，爰寓祈墅……续娶屏山舒孺人，是生延璘公，甫数周，仁雅公捐馆，溯大中祥符，历兹六世，于斯时也。

宏村石濑头

建炎变作，故居被燹，我伯叔兄弟，纷纷谋去所。无已，遥忆先人遗言，仁雅公遗命，徙居雷岗山畔。捧祖像，怀家乘，率妻孥，偕老幼，卜筑数椽，聊蔽风雨。计其时，盖绍兴辛亥四月既望日也。

转瞬二十年，披荆辟艾，亦既树楼十有三间。山环水绕，气象郁茂，基址渐渐乎扩而大之矣。卜云其吉，终焉允臧，我子我孙庶必椒枝蕃衍乎？第近世谱学不讲，数世以前，渺不知所出，文献无征，云何其训？

吾老将至，亟取旧谱，续而辑之，世系有图，迁徙有地，盖述仁雅公手泽之所传也。愿后之子子孙孙，毋忘尊祖敬宗至意，勿拘贤愚贵贱之等。壹是皆以人道亲亲收之，其所以厚宗族敦风化，岂浅鲜哉。

绍兴庚午岁仲春朔旦花甲又六老人汪彦济公揖甫序于雷岗之三友轩

（摘自《弘村汪氏宗谱》）

开辟宏村基址记

南宋绍兴间，雷岗一带山场属戴氏产。幽谷茂林，蹊径茅塞，无所谓宏村。缘江东盗张琪寇歙，土贼剽掠祈墅，同居三百余家一焚而烬。各纷纷谋迁徙，我公独禀仁雅公遗命，购求宅基几亩于雷岗之阳，卜筑数椽，旋竖楼屋原计十有三间楼，其旧址地也。取扩而成太乙象，故美其名曰弘村。枕高岗，面流水，一望无际。惜固濉溪自南冲北，界划谢村亭（即今之睢阳亭遗址）于西水石碣（即今之前街路），横街东偏（即今之街口头）入东山溪谷石栏塔水，曲折出祈墅。

公精堪舆，向谓两溪不汇西绕南为缺陷，屡欲挽以人力，苦于无所施。曰沧海桑田后遭遽变，继至今吾子孙其惟望天工呵护乎！逮德祐丙子五月望日，雷电风雨，暴兴迷离，若飞沙走石，腾蛟翔龙状，汪洋一片，平沙无垠。明日顿改故道，河渠填塞，溪自西而汇合，水环南以潴卫。很如我公所素期。

是自元而明，渐成村墟。今则烟火千家，栋宇鳞次，森然一大都会矣。其间南湖、月沼、雷岗、西溪胜景凡八，堪供行吟，致足乐也。回思我公披荆棘，辟草艾时，夫谋诸妇考率厥子，戮力同心，拓此基址，其勤勤恳恳于后嗣者，诚有以感通神明。然则天地之眷顾，邀山川之效灵也，夫岂偶然？夫岂偶然？

（摘自《宏村汪氏宗谱》）

濬湖募捐启

我村南湖广可百亩，环绕家塾，襟抱雷岗。近制南山烈焰，远涵太乙文峰。畴昔我族全盛之时，每当丽春三月，柳绿桃红，沿岸参差，与碧波相掩映，蔚成大观。邑之文人学子皆相约载酒来游，流连唱和兴极忘返。而于溽暑熏蒸之时，则见芙蕖万朵，红白相间，清风徐来，奇香扑鼻，令人心旷神怡。至其漪澜皱叠，鉴澈澄清，凫鸥闲眠，游鲤逐队，尤足以助文人之雅兴，动词客之清吟。视杭之西子，何多让焉。

洪杨乱后，阅今近六十年，草蔓泥淤，荒秽不治。数年前，有欲从事疏浚姑任试办者，顾工程浩大，不缘财力寡助，即被俗见阻挠，半途中止，虚耗不赀，徒令后之人相引为戒耳。虽然任重道远，志在坚其前进，毖后惩前，岂遂蹈夫复辙。

当兹甲子重逢，气运维新，人怀祖德，众愿乐输，所谓事机已届，不为何待者，此其时矣。惟是事关公益，举赖众擎。凡我族人，毋分老少，务望有储蓄者则踊跃输将，有经验者则竭力襄助。和衷共济，众志成城，庶几湖光山色复其旧观，人文蔚起不减当年。揆之祖宗艰难创造之苦心亦觉无负云尔，是为启。

（摘自《重浚南湖收支征信录》）

奇墅游艇

重浚南湖工程始末记

民国十二年春，旅芜族人以村中之月沼及大水圳数百丈次第疏浚完工，于是复谋所以浚湖之举焉。商量既定，始从各方面筹募经费，得洋两千余元。夏六月，群推懿子铭返里集族人于“乐叙堂”，计议进行一切办法。顾南湖面积周围约二百六十余丈，湖旁古树倒仆湖面者十余株，泥污压积殆满，而东北隅尤甚。蔓草离离，仅西南一角稍现水面，然其阔度不逾两丈，深仅尺许而已，荒芜景象概可想见。疏浚之法议先杜绝湖之来源，使循月沼水道东出湖南，向水口三处折低其二，更就湖心通沟以泄积潦。

公推族人承基、荣洪、佳梅、开年、荫桐、彝甫、佛高、心镜、熙甫诸君董办工务等事，而萼辉、伟人担任会计兼银钱总出入之责。旋即招工订议，估定工价大洋二千二百元。所有淤塞湖内之泥石草树概挑除净尽。由工人舒成业、谢良信、舒复权、吴观禄等立约承包。

时秋七月十七日也。是月杪，铭回芜。以上述情形报告于众。诹吉八月初二日兴工，湖水既放，得鱼千数百尾，尽蓄月沼中。每日工作多至七八十人，少亦三十四人，直至年终共费五千余工，而工程才及全湖之半。考其原因，盖由开沟宣泄不得其法。带水挑泥，事倍功半，且以工头怀私。意见不洽，互相偷惰，漫无统率，故耳。

明年春二月，懿由芜归，既抵里细察湖源未尽杜绝，湖之西隅北向石塝间且有泉水涓涓东注，颇碍工作。乃设法于湖之中间依原有草木湖泥筑成横坝，使西来泉源均从第一水口以出，而东向一半湖面遂得渐次浚清。旋复拆坝，泻水西向，湖泥日干，再事挑挖，殊觉工省而便。是年秋，懿出山，闻工作至岁暮，工程十已八九。甲子一年，工人减少，农事间歇。核计约作三千数百工。

今夏五月，懿以衰朽倦游作退休，计四子铭伴而归。其时湖水潴，犹有蔓草浮生水际，四围石塝多倒塌未修。以连年米价奇贵（今年米价最贵时每石售至十三元），工值叠增，包价尚仍其旧（按包单订时每洋可雇四工，今则三工矣），工头受此内亏，故湖西一半未免敷衍了事。至是，懿乃会集族众议修湖塝。先去塝间树根，同时雇工三班分段修理。至秋七月始克蒇事，约需洋五百三十余元，而湖间泥草有未尽者悉令除之。适工头舒成业等以前欠各处散工工资洋百余元，而原包工价早经如数算清，争向吵索急无以偿，或恐别生枝节，因商之，萼辉等复使原工头悉为招集，又令工人吴金成者另加招工助之。涤浚期以泥草挑净之日，辄偿宿欠。工头及群工咸愿效力。结果两方合作七百五十余工，如约代偿债务，并各给新做工资共计洋三百八十余元。

先是六月间着手修塝，时田亩需水灌溉，湖源未便杜绝。此际新谷既登，无所妨碍。秋日亢燥，宣泄较易，乘时用工，两得其宜。芟之，薙之，浚之，瀹之，乃至八月十六日，而湖工告成矣。波澄如镜，堤树整齐，人意山光均有喜态。溯自兴修以来，会计度支，筹督工务，日以从事者首尾二十五阅月。非藉族贤之力踊跃赞助，不及此。统计费工一万有奇，实用洋三千二百余元。除族人共捐二千三百余元外，懿足成之。所有收支帐目附列于后。

民国十四年冬十月祖懿谨记

（摘自《重浚南湖收支征信录》）

奇墅湖波光

月沼纪实

宋彦济公九世孙曰玄卿公，乐施好义，四方文人墨士过访无虚日，而尤厚堪舆。客尝相与望楚景山，偶指村之正中，有天然一窟，冬夏泉涌不竭。曰：此宅基洗心也，宜扩之以潴内阳水而镇朝中丙丁之火。公信焉，笔诸谱递传。

宏村月沼

明初，思齐公拟于窟北数步竖家祠，然犹未敢苟也。闻海阳何君可达，时号国师，三聘，固请来踏厥地，欣然谓是慧眼，人应属杨廖一辈，得巧工追琢，下玉始成。乃遍阅山川，详审脉络，援笔立记曰：引西溪以凿圳绕村屋，其长川沟形九曲，流经十湾，坎水横注丙地，午曜前吐土官，自西自东，水涤肺腑，共夸锦绣蹁跹，乃左乃右，峰倒池塘，定主科甲，延绵万亿子孙，千家火烟，于兹肯构。

永乐升平公因出储万余金，凿圳数百丈，引西来之水，南转东出，而于三曲处瀹小浦，又分注西入天然窟。窟之四畔皆公租田，计五十有一砠，旋施人力浚而大之，形如半月，环拥祠前，而月沼之名号立，而月沼之规模成。临渊载咏，每令人有渊渊其渊之想。语云：地灵人杰。又云：人杰地灵。吾于此而叹天工人巧，两臻奇妙也。

（摘自《重浚南湖收支征信录》）

南湖纪实

明永乐时，思齐公从地师何可达先生指画凿疏月沼，蓄内阳水而火灾寝息，人得安居。堪舆之说信有征已。历隆万间，椒枝孔蕃，堂构聿增，月沼之前及左右两旁百堵俱兴。识者忧之以南方山赤如焰也。忆前人遗言，谓新溪绕南之北畔有双石田数百亩，能再凿池蓄中阳水，子孙其更逢吉。

万历丁未，爰踵践疏月沼，旧枧秧田百亩，凿深数丈，周围四旁砌石立岸，名曰南湖。受圳西来之水，潴汇明堂，渊深四映，诸峰远近倒影入池钟灵厥止，肇启斯文，伯叔兄弟感称盛举。第田业有无不齐，有者以田作值，无者照田出价。鸠工经营，同心协力，至正至公。落成之时，禁售他姓，谱之宗盟，俾遵毋忽。

当日主其事者，奎光、邦华、积书、以礼、积贤、积金、奎灼、文贵、邦端、积、寿、积泰、元溥、元沂、元洁、元濂、元淑、元洪。董其役者各成支丁骈集，防强邻逼处与我争此地。本支后嗣其永念前辈创造之艰辛哉。

（摘自《重浚南湖收支征信录》）

画里宏村

雷岗山记

夫闻既造天地者，乃山川也。中华山势之峻，河原之浩，各有脉络相持。精血灵气，普润新英，族衍生息，各归一理。而我中州大地，荡荡乾坤，绵延千里，殊磕文化深砥，取之不绝。且泰山雄奇，代赋五岳之尊；华山峻险时叹难越雷池之险，其远近相同，各秉千秋。

古黟僻野，盖为群山环巡，一水中流，白云深笃，活水源头，竟与世人隔绝，古称小桃源也。

雷岗山依黄山脉踪，托殷溪岭之灵根，雄踞黄堆山之阳，山无突兀回环之险，却也左右逢源，气宇不凡。白龙山导于左，羊栈岭措于后，西溪水缠于腰，双溪河濒于前，实为立栋拓户之屏。拒西风之烈，挡北霜之袭，虽无帝象之征，却是安人之居也。

吾族吾祖自文和公渡大江，踞会稽后，叔举公居淳安，越国华公入歙州。吾六十一世祖仁雅公弃金陵，黟北祈墅落户，仅作安居之舟，并非安居之根。六十六世祖彦济公少聪早智，临子孙立命，雷岗之阳拓土立基，建房四幢十三间，权为开基之所也。槿木堂、三友轩、大雅堂、究易轩相继立栋。六十七世祖侍聘公熟识卜卦《周易》，精岐黄，示雷岗为圣所也。

雷岗山者，古称雷阜也。此为北宋咸平初少人所识，顶位相状老君葫芦，上小下大，古称葫芦顶。旁有小径九曲十弯，入黄堆山深处，殷溪岭是通星岩寺必逾之道，示名葫芦口。是年间，林木丛生，缘茅塞野……歙州潜阜人雷氏兄弟，寻山布道于葫芦口，结庐为观，示之阜清观，世称此为雷阜。彦济公立村后，改称雷岗。随山脉直曲，宛如大青牛卧伏，头西尾东，侍聘公究山形卜相，以言戒众，丑镇平阳，必主发祥之兆。雷岗之腹，乃丹凤含书形，凤栖之所称之，古荡圈是为汪氏祖宗陵寝之所，子孙永奠。

古荡圈为汪氏六十六世祖彦济公陵寝，旁列六十七至七十世祖、七十二至七十三世祖全部陵寝。雷岗山西侧，古有二亭，一曰丹阳，二曰紫霞，传为青牛之眸，是处为汪氏七十六世祖思齐公陵寝。雷岗东侧与白龙山相望，古有女墙遮羞。

雷岗山者，林木丰茂也。其山坡缓垛平，广植榛林少枫樟，是岁交秋，霜侵叶变，五彩绚明，大添风景。更适夕阳西下，紫霞映天，其间炊绕庐头之时，飞鼠横窜，杜鹃占巢，山民驻足倚眺，是山之趣也。

雷岗山者，村之依托也。村人视其来龙圣所，村之屏户之望也。村人担石压土种树植草，春秋二祭，丁壮络绎然。时过境迁，是朝二年上谕，改弘为宏，以避帝讳。人丁大兴清明扫山之际，余感慨十分依瑛公托嘱，欣然命笔，就成拙文，雷岗山记以记之。

皇清乾隆九年甲子清明节

汪士通东湖撰文

雷岗山十三楼

南湖闲话

我族自南宋迁居宏村，世德相承，人文蔚起，清乾嘉之季，阖族支丁实有三千余人，为最繁衍时代。村居拓展，绕抱南湖，鳞次栉比，密密如织，楼台近水，倒影浮光。中有巍然矗立之“以文家塾”，即于此时建筑焉。模规宏敞，工程浩大，旁有小楼可以俯瞰全湖风景，时见鸢飞鱼跃，深趣盎然。后有“乐彼”之园，植白皮松一株，枝干凝雪，斑剥离奇，其种来自粤东，殊不易见。

闻故老遗传，当年为首倡建家塾者，一夕偶邀同志，席间小叙，募捐立就，其时族中富有可以概见。洪杨劫后，族人流离转徙，村运大衰，浸至目下，调查阖族支丁全数，视畴昔仅足十成之三而已。

族之有谱，犹国之有史也。明统系，别昭穆，使后之人相亲相爱，终不至于数典忘祖者，则以有谱存也。年来紫阳朱氏，环山余氏，相继修谱，先后告成。而我族之谱，自清乾隆七年修后，至今百数十年，尚未有人提议及此。懿老矣，无能未役，甚愿后辈青年蔚起而纂修之，庶椒牒厘然，补于未逮。

南湖素描

南湖于同治年间，族先辈怀远公常醵钱百余钱从事浚，然终限于乱后，经济困难，致未收完全效果。

光绪二十余年，湖复淤塞。族叔端平曾作浚治计，被人梗阻。宣统二年，子仁弟游幕归来，概然有志于此，提倡规画，不遗余力，族人助之。正在兴工之时，而子仁遽以病故，事遂中止，所用二百余元等诸虚縻矣。兹番浚湖为三次之举动。开办之初，颇有滑工人不力，事恐难成者。幸族贤多予赞助，众擎易举，未蹈覆辙。今工作告竣，恰值八九月间，气爽秋高，水天一色，大好湖山清新如许。

懿与族叔萼挥、承基，族兄廷魁、树堂，年均八旬外，苍颜白发，携杖闲游，相与徘徊其间。笑话当年钓游事，仿佛儿时光景犹在目前。而世变沧桑，人事代谢，则已不知历几许变迁矣。吾辈旧侣，天假余年，犹获重睹此湖之本来面目，饶兹清福，讵非幸欤！

汪祖懿撰文

雷岗汪氏家塾记

古者家之有塾，犹国之有学也。凡里中俊秀之士，皆得毕集而教之，故能蒸然咸即于道。自后世惟校官之设，而此制不行。今世义学之建，所以补乡学之阙也。然或托之阛阓间其延致之者，又皆村里学究不足通一经之传，故能自行束修者恒不屑就焉，则知教之不可无其人，并不可无其地也。

徽州黟县宏村，自南宋时汪氏聚族而居。其北有山曰雷岗，因称雷岗汪氏。村南有湖曰南湖，广百余亩。居民以时蓄泄灌溉之，绕环食其利。堤植花柳浓阴翳，如夏则芰荷殷然，弥望一碧。游迹之盛，比于浙之西湖。堤外有溪，曰西溪，清风徐动，沦漪自生，湖光映带，与之同白。

今其族父老于南湖之滨捐赀建立“以文家塾”，以为子弟肄业课文之所。洁其修脯，延名师以教习之，其于古人家塾之义，固有合焉。夫士子呻其占毕，偃仰一室尘坌蓊郁，日局蹐于市廛湫隘之也，而外之无以发皇耳，内之无以开豁胸襟，将戚缩雍阙之中。欲其自出光焰，漱涤牢笼，发为文辞以求工于古人，盖亦难矣。

今南湖水木清华，足资登览，则游息者且得奋其才力以自抒写。一旦性情流露，风气廊开，飙举泉涌，亦将如是湖滉瀁弥漫而莫测其涯涘者。虽然，不可以不诫也。大抵清淑之气，磅礴郁积，在贤者，揽其山川之胜，则随事抒意，皆足以写其性灵；而不肖者，狎比淫朋，寄情花鸟，又适以畅其盘游之乐，而不知广居政路之循，岂不负甚南湖？既擅斯美而是塾之设，在主讲者必得耆生硕儒为之，讲道论德，俾之涵泳乎，艺林而为之，子弟者亦必束身砥行，以求至乎，贤圣而不为耳目之役，不从匪僻之游，并不累于世俗利禄之习。则入其门，闻鼓歌弦诵之声；登其庭，见罄折趋走之节。雍雍乎秩秩乎，君子谓：古学校之隆，其将复见于是堂也已。

嘉庆甲戌九月钱塘吴锡麟撰

同治辛未冬十月钱塘朱大勋重书

（摘自《黟县三志》）

镇河桥泉水记

鹤山之阳，曰际村。左右两水坐夹注，左曰大溪，尽纳北源诸水。右水滥觞凤来岭屈曲抱村南行，其流较狭，故名细溪。二水至村尽处汇合。镇河桥横跨细溪以通孔道。泉水在桥之北，距二溪不过数步，然其源迥与二溪别。

夏日盛涨，二溪皆混浊，而此泉独皎然而清澈。居人甃石分为二小池，上正方专供汲饮，下池较长，用以浣溉。池中草绿如碧玉，时有赤鱼浮泳，取之，则潜不见。

当冬日，气腾如蒸，冰衣入濯，顷刻融化。泉味极甘，饮者少疾病。值大旱，二溪皆涸，池中澄泓如故，虽终日抱注，不少耗也。

予尝偕乡人吸惠山及雨花台之水，见座客倾瓯叹，尝窥相视而笑，以谓故乡之水类此者皆是。盖新安山水甲天下，而吾黟又居新安之上游，故水尤胜。今此泉出吾村，复超然众水之上，毋亦灵秀独钟，郁而发泄欤?

或曰斯泉信美然，非昔人辨淄渑，分泾渭，则介居二溪将混同而莫别之。斯泉岂真藉人品，题而始见焉。异哉。于是，感叹而为之证。

（摘自《黟县志》）

秋天田野

宏村诗词

小桃源

李 白

黟县小桃源，烟霞百里间。
地多灵草木，人尚古衣冠。

李白（701—762），唐朝大诗人。字太白，号青莲居士。祖籍陇西成纪，隋末其先人流寓碎叶，他诞生于此。幼时，随父迁居锦州昌隆青莲乡。二十四岁出蜀，远游长江、黄河中下游一带。四十二岁，由道士吴筠推荐，至长安。玄宗命他供奉翰林，后又受宦官高力士等谗谤，恳求还山，浮游四方。宝应元年死于当涂。据《方舆胜览》载，李白游览黟县时，曾作《钓台》《小桃源》等诗。

桃 源

孙 抗

洞里栽桃不记时，人间秦晋是耶非？
落花满地青春老，千载渔郎去不归。

孙抗，北宋黟县古筑村人，字和叔，曾中进士，任大理寺丞、江南西路提点刑狱、广西转运史、尚书工部郎中等职。有《工都文集百集》《映雪斋诗集》。和政治家、文学家王安石交往甚厚。孙抗死后，王安石为他写了墓志铭。

桃花源

汪承恩

百里桃源小洞天，垂髫黄发乐怡然。
钓台孤印深潭月，石墨浓磨半岭烟。

景物重烦陶令记，风光远胜太元前。
但愁地仄人蕃庶，何处仙山许改迁。

汪承恩，清中叶黟县宏村人。“桃花源”：黟城东南二十里，有桃源洞，临漳水，下有钟潭，山骨秀出，古有栈道，过洞有栈阁村，古人吟咏甚多，洞额有古人书刻“桃花源”三字。近人新考，此为陶渊明《桃花源记》取材原型，为秦人避乱之地。黟县古时亦称桃花源。

几层小阁傍山隈

俞正燮

几层小阁傍山隈，六尺地重三户开。
游客不知人逼仄，闲评都说好楼台。

俞正燮（1775—1840），清朝学者，字理初，黟县城中人。道光举人，晚年在江阴惜阴书院主讲。毕生致力于经学，对史学、诸子、医理、天文、释典、道藏也研精覃思。其考据之学，上承先辈江永、戴震，但范围有所扩大。在学术思想方面，他主张“经世致用”，提倡男女平等。有《癸巳类稿》《癸巳存稿》，纂修《黟县志》《两湖通志》。

赴黟县

刘大櫆

惨淡趋程急，崎岖怨路长。
青春成过客，白首向殊方。
志业全芜没，朋交半死亡。
更闻猿啸苦，清泪不成行。

刘大櫆（1698—1780），清安徽桐城人。字耕南，一字才甫，号海峰。副贡生。清乾隆二十六年至二十九年间曾任黟县教谕。论文重神气音节，与方苞、姚鼐合称为桐城派的三祖。有《海峰诗文集》，收有咏黟诗文十七则。

黟县道中

姚 鼐

苍翠压人低，流云落大溪。
连岩薰草日，悬磴带阴霓。
雨歇群山响，春深万木齐。
寥寥方久立，谷鸟一为啼。

姚鼐（1731—1815），清朝散文家。字姬传、梦谷，号惜抱，安徽桐城人。乾隆进士，选翰林院吉士。历任山东、湖南乡试主考官、会考同考官。参与纂修《四库全书》。辞官后主持江南紫阳、钟山等书院，工古文。与方苞、刘大櫆等为桐城派代表，倡导唐宋古文传统，主张“明道义、维风俗”，将程朱理学纳入文学领域，以此维持封建礼教，对清代经学、文学影响很大。有《古文辞类纂》《惜抱轩文集》《诗集》等。曾多次来黟，并著有黟县南屏《万松桥记》和《西园记》等诗文。

晓月过羊栈

朱骏声

清夜闻鸡起，舆筱又一程。
树欹风有影，鸟静月无声。
路折山腰转，人磨屋顶行。
自从羊栈过，已觉客心平。

朱骏声（1788—1858），清朝文字学家。字丰芑，号允倩，元和（今苏州）人。少时通读许慎《说文解字》，曾师事“吴派”考据学家钱大昕，受到赏识。嘉庆间，中举人，曾任黟县训导，任内努力著作，亲自授业，颇有政声，后定居黟县石村。撰有《说文通训定声》，与段玉裁《说文解字注》、王念孙《广雅疏证》和郝懿行《尔雅义疏》一起被誉为“清代语言学四大奇书”。朱骏声因此受咸丰帝嘉奖，授国学博士。对《左传》《礼记》及天文历算的研究，亦有造诣，有《左传旁通》《夏小正补传》《大戴礼记校正》《天算琐记》等。“羊栈”即羊栈岭，在宏村西北面十里地，为宁池大道关隘。

过羊栈

朱锡鹏

绿树周遭合，人间在翠微。
杉皮当瓦盖，竹枧引泉飞。
古寺僧居少，山深吏到稀。
桃花何处种，晚饭带斜晖。

朱锡鹏，清朝咸丰年间黟县人。

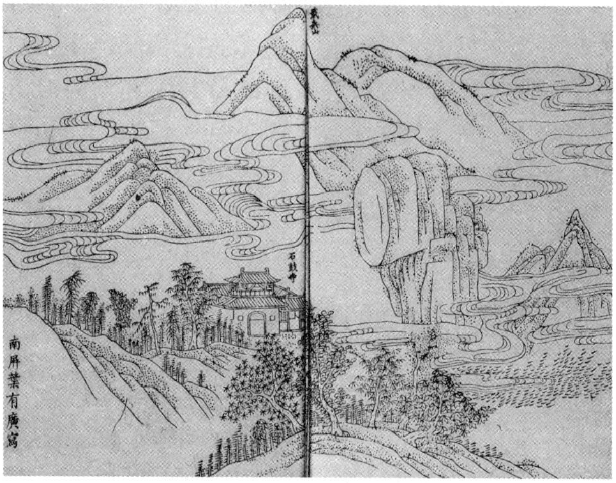

石鼓山与石鼓寺（选自嘉庆版《黟县志》）

石鼓山

舒　祥

叠嶂层峰万顷阴，淡烟微雨夜沉沉。
千株松竹连瑶岛，百尺楼台出玉林。
云过半山看有影，泉流深树听无音。
琳琅说是神仙下，鹤唳风声杳莫寻。

舒祥，字维祯。明朝黟县屏山人，曾任山东沂州训导，升处州府宣平县教谕，改湖广广济学。善文词，所著有《窃芳集》。石鼓山，在宏村南面五里地，山巅有巨石如鼓而名。山东有石鼓寺，建于唐，宋丞相江万里曾读书院中，并教授生徒，后称相儒堂。

祠堂高耸郁云烟

孙维龙

祠堂高耸郁云烟，松柏苍苍不记年。
最爱土风犹近古，苏公族谱范公田。

孙维龙，清乾隆时顺天宛平（今属北京市）人，乾隆二十六年至三十年间曾任黟县令，在任期间，组织续修过《黟县三志》，筹款重修渔亭永济大桥，编纂黟山诗稿，同时写下过不少歌咏黟县风光景物的诗歌。原诗有注：“邑中族姓俱有祠宇，以为岁时俎豆之地，捐义田以济贫族婚葬之用。宗谱家置一本，询其支派，虽村愚亦能历历数焉。”

黟山竹枝词（三首）

施 源

两村对面夹清溪，溪引南湖截作堤。
细雨噞喁鱼聚沫，桃花如锦水玻璃。

舍南舍北水弯环，饮处思源识本山。
三百滩头到东浙，溪流知去不知还。

牛泉山下古羊肠，诘屈崎岖石径荒。
比似蚁穿珠九曲，人传此道走丹阳。

施源，清朝吴县人。字实君，号蒙泉。乾隆举人。乾隆五十一年至五十五年间曾任黟县令。有《爱静词》《一夫集》《浮湘前后集》。

文房新宠碧琅玕

程学禧

雉山石骨漱溪寒，天护良材水满滩。
从此金星声价减，文房新宠碧琅玕。

程学禧，清朝乾嘉年间黟县人。原诗有注：“十一都有琅玕石，琢砚温润，胜歙产。”《黟县三志·卷十五》有“琅坑砚石记”。

雉山龙池庵题壁

卢　鲲

策杖问游任意看，溪光云影上阑干。
藤萝牵庙经年久，兵燹余松耐岁寒。
鱼跃鸢飞谭祢地，山青水碧子陵滩。
池中自有潜龙窟，莫漫垂纶下钓竿。

卢鲲，清朝道光年间古黟雉山人。雉山在宏村西北三里，羊栈岭南麓，又名卢村。现有木雕楼、龙池湾古农园等诸景。

春日过雷岗怀汪心鉴（三首）

罗洪先

清流如带漾涟漪，白板桥头与客期。
指点农家村口路，睢阳亭外柳丝丝。

逃花夹路多枝柯，花影参差映碧波。
何事封姨偏妒女，五更打落嫩红多。

仙人门对绿荷池，曾是萍踪一过之。
方外相寻何不早，而今枉笑少年痴。

罗洪先（1504—1564），明朝江西吉水人。字达夫，号念庵。嘉靖八年进士第一，授修撰，官左春坊左赞善，以上书忤世宗意，黜为民。卒谥文庄。早年读王守仁《传习录》，好之，欲从受业，未果。罢官后，请求王学，并为定《阳明年谱》。洪先于天文、地理、水利、军事、算学无不习研，明史有传。

雷阜新霁

汪士通

雷岗新雨余，霁色何历历。
画槛傍云开，松杉翠欲滴。

汪士通，清朝康熙年间黟县宏村人。雷阜即雷岗，又叫雷岗山，在宏村背后，为风水山。

宏村口占

胡成浚

何事就此卜邻居，花月南湖画不及。
浣汲未妨溪路远，家家门巷有清渠。

胡成浚，字在郊，一字雪眉、子深，黟县西递人。光绪十四年（1888）岁贡。博通经史，书法宗颜真卿。屡荐不遇，年五十绝意进取科举功名，专讲性理之学。为人寡言慎行，义不苟取，时吟咏以自娱。著有《雪眉词钞》一卷，乙酉年（1885）续修的《黟县志》多出于雪眉手笔。

南　湖

汪承恩

万山深处隐澄湖，湖上烟花似画图。
一片鸥波迷浩荡，四时鲰菜未荒芜。
颓崖落日摩秦碣，古寺昏钟吊宋儒。
最是夜阑风浪静，楼台镫火半模糊。

汪承恩，清朝古黟宏村人。原诗有注：“湖东三里地名横山，水冲崖坏，石碣出焉，考篆文乃秦代物。”“湖西五里石鼓寺，相儒堂是宋相江文节读书处。”

宏村八景诗

汪承恩

南湖春晓

玻璃三百顷，隔岸袅村烟。
草绿客伤别，莺啼人尚眠。

雷岗秋月

跻险临丹巘，松涛送晚雷。
谁知今夜月，曾照吕仙来。

西溪雪霭

寒气袭衣袂，余霞媚晚烟。
断桥驴背客，踏雪耸吟肩。

月沼风荷

命驾倏千里，仙迹杳莫追。
题诗同挂剑，凄怆绿荷池。

黄堆秋色

木叶经霜醉，危峦一角斜。
凭谁图粉本，画我正停车。

石濑夕阳

一片娲皇石，中流截急湍。
夕阳斜射处，误作碎金看。

东山松涛

别墅荒山夜，虬松战雨鸣。
何须视童子，我亦赋秋声。

梓路钟声

群籁静遥夜，茅庵隔俗尘。
钟声聆百八，恍惚悟前因。

“谁知今夜月，曾照吕仙来”，雷岗山上有吕仙井。
《梓路钟声》，梓路寺在宏村东北十里地的梓岭脚，寺建于唐。

古黟楹联

祠堂、寺院、路亭联

基开雷岗绵世泽，
绪承越国萃簪缨。（宏村乐叙堂汪氏宗祠）

作六州之保障，
植万古之纲常。（宏村汪越国公祠）

到此便为浮海客，
于今谁是问津人。（宏村镇梓路寺）

使我开怀唯夜月，
令人深省是晨钟。（宏村镇梓路寺）

月到上方诸品净，
心持半偈万缘空。（宏村镇梓路寺）

紫竹林中观自在，
白莲台上显如来。（宏村观音庙）

胜地钟灵，长瞻松柏之茂；
明神锡祉，永奠河山之宁。（宏村桃源社屋）

暑往寒来春复秋，夕阳西下水东流；
将军战马今何在？野草闲花满地愁。（宏村地藏王庙正殿）

曰元帅曰大王人没违时定有感灵超万古，
是功臣是良将评不可考将无永烈类双中。（宏村文孝庙）

祖述尧舜宪章文武，
裁成礼乐参赞天人。（宏村文庙）

莲花开子夜，
桂影到天心。（宏村南湖拜月亭）

西川新世德，
考水旧家声。（西递明经祠）

十干衍派源流远，
七哲名家气象新。（西递敬爱堂）

伊洛渊源传北宋，
湘湖德业纪南屏。（南屏村叶氏宗祠）

南山为屏，万里祥云天外起；
佛池金鉴，一轮明月水中悬。（南屏村李氏宗祠）

好鸟有声留客坐，
花香无语笑人忙。（淋沥山玉虹亭）

南南北北，总须历此关头，且坐断铁门槛，办夏水冬汤，接应过去、现在、未来三世诸佛，上天下地；

东东西西，阿谁瞒了脚跟？试竖起金刚拳，敲晨钟暮鼓，唤醒眼耳、鼻舌、心意六道众生，吃饭穿衣。（宏村镇羊栈岭觐光亭）

踞渐水上游，驷马高车，过此定多题柱客；
入桃源深处，渔夫樵父，登临尽是问津人。（石山挹秀桥同善亭）

亦圣亦仙三教同归一致，
即心即佛东山何异西天。（宏村镇蜀里村东山庵）

昔年零雨斧斨，上座高僧，同御修罗完舍卫；
今日清风丝竹，诸天老佛，重开法会说华严。（宏村镇蜀里村东山庵）

万山冠冕天官耸，
全浙源流掌上观。（碧山汪勃庙）

流水桃花天别有，
全堂玉马运重开。（碧山汪勃庙）

起脚都是路，
回头便是家。（宏村镇际村岭头亭）

但能挥毫冲斗，
何须翘首问天。（宏村镇卢村武曲庙）

志不在曹，嘶风匹马驰千里；
心终归汉，偃月单刀破五关。（宏村镇际村关帝庙）

不须松下问童子，
已向桥头揖远公。（宏村镇梓路寺山门）

江东门第观龙跃，
淮水家声听凤鸣。（古筑孙氏宗祠）

日月争光，清清白白垂千古；
乾坤合撰，浩浩渊渊塞两间。（宏村镇卢村忠烈祠）

桂花松子常满地，
百籁无泉相与秋。（宏村镇石鼓寺）

书院、书屋联

迎门饮湖绿，一线涟漪文境活；
倚窗眺山峦，万松深处讲堂开。（南湖书院大门联）

读圣贤书行仁义事，
立修齐志存忠孝心。（南湖书院志道堂）

文以知希为贵，
学能时习乃专。（南湖书院启蒙阁）

斗酒纵观廿四史，
炉香静对十三经。（南湖书院会文阁）

桂花松子常满地，
红叶丹枫好吟诗。（淋沥山淋沥书院）

青山不改千年画，
绿水长流万古诗。（美溪松云书院）

作纲目继春秋，涑水司马公赖笔削而史书不谬；
由学问尽德性，庐山白鹿洞辨异同而圣道始明。（碧山书院朱子殿）

阐六经奥旨，注千圣微言，昭然若日月当天，孔孟以来于斯再旦；
塞百氏旁注，汇诸儒正派，浩乎如江汉朝海，周程而后大矣蔑加。
（碧阳书院朱子殿）

黄海纵奇观，松籁鸣时，云涌涛飞腾气势；
碧山连秀色，桃源深处，水流花放丽文章。（碧阳书院尊道堂）

漳水钟灵，读笔记十行，世外桃源花似海；
黟山毓秀，奏弦歌一曲，人间樵谷士如林。（碧阳书院崇教祠）

臣心似水澄冰鉴，
子姓如云拥玉珂。（英山书屋）

青柳留芳韵，
渊鱼察妙机。（问渠书屋）

静乐可忘轩冕贵，
清游端胜绮罗尘。（南屏半春园书屋）

少伯潇洒，安石风流；
云龙品格，司马文章。（南屏南阳书院）

漫研竹露裁唐句，
细嚼梅花读汉书。（南屏培阑书屋）

民居、庭院联

众莫能窥渊然而静，
志未可量廓其有容。

素位而行无不自得，
居易以俟乐在其中。

钟鼓乐清晨，
诗书敦风好。

芝兰气味琴声调，
松竹丰姿鹤性情。

兴里烟霞流彩笔，
吟边云日弄晴窗。

惜食惜衣非为惜财缘惜福，
求名求利但须求己莫求人。

善为至宝一生用，
心作良田百世耕。

万石家风惟孝悌，
百年世业在诗书。

东鲁雅言诗书执礼，
西京明诏孝悌力田。

一庭之中有至乐，
六经以外无奇书。

纫秋兰以为佩，
仰浮云而永叹。

有子孙，有田园，家风半耕半读，但以箕裘承祖泽；
无官守，无言责，世事不闻不问，且将艰巨付儿曹。

圣代衣冠光宇宙，
儒门礼乐壮山河。

玉粹金和风清宝树，
礼畊义种露浥书田。

万卷抵百城，书中富贵；
千葩盈四座，花里神仙。

咬定一两句书，终生财宝；
栽成五七竿竹，满目儿孙。

忙里偷闲，坐且行，行且坐；
劳极思逸，谈而笑，笑而谈。

笔健乍临新获帖，
手生重理旧传琴。

瑞应三槐华堂日丽，
芳联五桂棣室风和。

竹菊梅兰君子满座，歪风休入院内；
莺燕蜂蝶四友时来，冷落仅在门前。

幸有两眼明多交益友，
苦无十年暇尽读奇书。

深院尘稀琴韵静，
明窗风定墨花香。

文章西汉两司马，
经济南阳一卧龙。

百事清平为有令德，
一家和乐是以大年。

明月自来还自去，
暂时相赏莫相违。

流水不腐，户枢不蠹；
芝草无根，醴泉无源。

世事让三分天宽地阔，
心田存一点子种孙耕。

二字箴言惟勤惟俭，
两条正路曰读曰耕。

几百年人家无非积善，
第一等好事只是读书。

海纳百川，有容乃大；

壁立千仞，无欲则刚。

一溪烟水明如画，
十亩桑田谁并耕。

闲看秋水心无事，
静听天和兴自浓。

过如秋草芟难尽，
学似春冰积不高。

天怀畅若修林竹，
静趣清于幽室兰。

千树梨花百壶酒，
一庄水竹数房书。

品格自超梅以上，
交游只在竹之间。

好书悟后三更月，
良友来时四座春。

春云夏雨秋夜月，
唐诗晋字汉文章。

欲高门第须为善，
要好儿孙必读书。

传家有道惟存厚，
处世无奇但率真。

快乐每从辛苦得，
便宜多自吃亏来。

读书好营商好效好便好，
创业难守成难知难不难。

斋粥余风宜承先志，
诗书世业重冀后人。

世事洞明皆学问，
人情练达即文章。

善贻谋于后嗣学礼学诗，
凜遗绪于前人克勤克俭。

寿本乎仁，乐生于智；
勤能补拙，俭可养廉。

水清草绿

参考资料

《汪氏通宗世谱》，乾隆四十年版复印本。

《黟县志》，吴甸华总修，嘉庆十五年刻本。

《黟县四志》，舒斯笏主编，民国十一年刻本。

《中华名人大辞典》，商务印书馆 1921 年版。

《汪氏振绮堂宗谱》，民国十九年汪大燮、汪诒年续修本。

《中国牛文化》，宋长宏著，民族出版社 1997 年版。

《安徽省黟县地名录》，黟县地名委员会办公室编，1988 年铅印本。

《徽州地区简志》，徽州地区地方志编纂委员会编，黄山书社 1989 年出版。

《黟县志》，黟县地方志编纂委员会编，胡纪棣主编，光明日报出版社 1989 年版。

《黟山风物诗词选》，民盟黟县支部和黟县中学编，1998 年刊印本。

《新安名族志》，明戴廷明等撰，朱万曙等点校，黄山书社 2004 年版。

《清代徽人年谱合刊》（上）（下），清段玉裁等撰，薛贞芳等审定，黄山书社 2006 年版。

《天人合一古村落——宏村》，胡时滨、舒育玲编著，合肥工业大学出版社 2005 年版。

《黟县志》，黟县地方志编撰委员会编，舒育玲主编，黄山书社 2012 年版。

《宏村传奇》，汪金瑞编撰，2007 年电脑打印本。

《竹海里的故事》，余建平编撰，2007 年电脑打印本。

《中国民间故事全书·黟县卷》，胡时滨主编，时代传媒股份有限公司 2012 年版。

《徽州技艺》，胡时滨主编，合肥工业大学出版社 2014 年版。

图书在版编目(CIP)数据

徽州古村落构建文化研究:以宏村为例/胡时滨著.—合肥:合肥工业大学出版社,2017.2

ISBN 978-7-5650-3255-4

Ⅰ.①徽… Ⅱ.①胡… Ⅲ.①村落文化—研究—黄山市 Ⅳ.①K295.43

中国版本图书馆 CIP 数据核字(2017)第 025055 号

徽州古村落构建文化研究

——以宏村为例

胡时滨 著　　责任编辑 张 慧 王钱超 郭娟娟

出 版	合肥工业大学出版社	版 次	2017 年 2 月第 1 版
地 址	合肥市屯溪路 193 号	印 次	2017 年 3 月第 1 次印刷
邮 编	230009	开 本	710 毫米×1000 毫米 1/16
电 话	总 编 室:0551-62903038	印 张	8.5
	市场营销部:0551-62903198	字 数	142 千字
网 址	www.hfutpress.com.cn	印 刷	安徽联众印刷有限公司
E-mail	hfutpress@163.com	发 行	全国新华书店

ISBN 978-7-5650-3255-4　　定价:29.80 元